一流の人に学ぶ
自分の磨き方

177 Mental Toughness Secrets of the World Class

スティーブ・シーボルド
Steve Siebold
弓場 隆――訳

かんき出版

177 MENTAL TOUGHNESS SECRETS OF THE WORLD CLASS:
3rd Edition by Steve Siebold

献辞

私にとって最も大切な3人に本書をささげる。
いつも愛し、たえず励まし、夢と目標の実現を支援してくれた人たちである。
妻のドーン・アンドルーズ・シーボルド。
君は私の最愛の親友だ。
20年近くにわたって結婚生活のパートナーをつとめてくれたことに
心からお礼を言う。
両親のウォルターとドローレス・シーボルド。
ずっと私を愛し支えてくれたことに感謝したい。

推薦の言葉――全米の一流の人々が絶賛する究極の成功マニュアル

「本書は大切な教えと実用的な提案が満載された名著です。自分を磨きたいなら、ぜひ手にとって、どこからでも読んでください。著者のスティーブ・シーボルド氏は正しい道を示してくれています。本書の提案を実行に移すかどうかは、あなたの決断次第です」

エイミー・エドモンドソン（ハーバード・ビジネススクール教授）

「一流の人になる秘訣を余すところなく伝授してくれている。この著者は並のコーチではなく、本書は並の自己啓発書ではない」

ラリー・ウィルソン（ウィルソン・ラーニング創設者）

「人間のあるべき姿を簡潔に教えてくれる画期的な本だ。机上に常備して何度でも読み返したい」

チャーリー・エイテル（シモンズ社会長）

「本書は人生を変える素晴らしい本だ。この著者は人々の勝利を後押しする達人である」

ルー・ウッド（ジョンソン・エンド・ジョンソン地域統括部長）

「言い訳をやめて行動を起こそう。あなたが手にしているのは、究極の成功マニュアルだ」

ポリー・バウアー（ホームショッピング・ネットワーク社長）

「スティーブ・シーボルド氏は私が出会った中で最も卓越したリーダーの1人だ。本書はすべての真剣なリーダーが熟読して研究すべき名著である」

ジョン・スパナス（全米アクアビクス協会会長）

「能力開発の第一人者が、成功の秘訣を一挙に公開してくれている。よりよい結果を出したいなら、チームのメンバー全員に本書を1冊ずつ配布して読ませるといい。私は講演先のどの企業でも本書を推薦している」

キース・ハーレル（アメリカの講演家）

「一流のレベルに達するには生来の才能は必要ではなく、一流の人の考え方と行動パターンを学習して実践すればいいことを証明している」

ジャック・メイトランド（元プロフットボール選手、スーパーボウル優勝の立役者）

はじめに

一流の人と二流の人の差は紙一重だ！

もしかすると、あなたはこんなふうに思っていないだろうか。

一流の人は知能がずば抜けて高く、並はずれた才能に恵まれているから、自分のような凡人が一流の人になれるはずがない、と。

だが、それはまったくの誤解である。一流の人と二流の人の差は紙一重なのだ。

ただし、両者の差は多くの点で紙一重なので、それが寄せ集まると決定的な違いになる。

本書のテーマは、普通の知能と才能の持ち主が一流のレベルに達することができるか、ということである。

答えはイエスだ。これは断言できる。

ところが大多数の人は挑戦しない。夢を実現する能力を持っているのに、やろうとしないのだ。その理由は、やる気がないからではなく、できないと思っているからである。

挑戦に失望はつきものだから、それを乗り越えなければならない。

しかし、ほとんどの人はそんなつらい思いをするくらいなら、テレビを見たり娯楽に興じたりするほうがいいと考える。だから挑戦せずに漫然と日々を過ごしているのが現状だ。

自分への期待を高め、成功に向かって邁進することは、誰にでもできるのだろうか。

もちろん、できる。

自分に熱く語りかけて、物事を成し遂げている姿を鮮明に思い描けば、現状に関係なく、誰でも自分への期待を高め、成功に向かって邁進することができる。

一流のレベルに達すれば、二流の人と競争することはずっとたやすくなる。いったん境界を越えれば、はるかに有意義な人生を送ることができるのだ。

私は光栄にも6歳のころから一流のコーチの指導を受けて育った。ジュニアのテニス選手として7歳から18歳まで全米を転戦し、チャンピオンになることをめざしていたのだ。

プロに転向して、世界のトップ10を目標に毎日猛練習に励んだが、残念ながら力がおよばなかった。夢を実現するだけの才能があると思っていたものの、精神力が足りないことを痛感した。

その後、私はテニスの世界から引退し、時間をかけて一流の人の成功の秘訣を徹底的に解明しようと決意した。

そこで、1984年から各界の著名人に話を聞き、彼らの本を片っ端から読み、能力開発に励んだ。周囲の人からは「一流の人の研究に取りつかれている」と言われた。まったくそのとおりだ。私は20年という膨大な歳月を一流の人の研究にささげたのである。

一流の人の考え方を学んで実践することによって、私の全人生は変わった。一夜にして変わったわけではないが、時にはそう思えた。

一流の人になる秘訣は簡単に実行できる

本書で紹介しているのは理論ではなく、実用的な思考、哲学、習慣である。そのどれをとっても、あなたの成功を大きく後押しする力を秘めている。

あまりにもストレートな語り口で端的に書かれているので、読んでいて衝撃を受けるかもしれない。

全編を通じて「一流の人」と「二流の人」を対比しているが、その目的は「自分はどちらに入るのか」と考えるきっかけをあなたに与えることだ。

ただし、「二流の人」といっても、平凡な結果を得ている人というだけで、けっして差別しているわけではない。私たちはみな人間として平等である。私が人々を2種類に分けているのは、結果をもとに区別しているにすぎない。

「著者は自分にできないことを書く」とよく言われる。先ほど紹介した私の経歴を見て、なるほどと思うだろう。今まで大勢の人を指導してきたが、本音を言うと、自分がまだ二流の人の域を出ていないと感じることがある。実際、私は発展途上の人間なのだ。

幸い、一流の人の成功の秘訣は、手軽に学んで簡単に実行することができる。そうすることによって精神的に強くなり、大きな夢を実現して豊かな人生を送れるようになる。

では、どうすれば一流のレベルに達することができるのか。

まず、一流の人になると強く決意することだ。そして筆記具を片手に、どこからでも本書を読んで一流の人の思考、哲学、習慣を真似てみよう。

そうやって心の姿勢を少しずつ変えていけば、必ず大きな成果をあげることができる。

スティーブ・シーボルド

一流の人に学ぶ 自分の磨き方　もくじ

第2章 勇気

第3章 努力

第4章 情熱

第5章 成長

第6章 規律

第7章 意欲

第8章 学習

第9章 感謝

第10章 謙虚

第11章 正義

第12章 忍耐

第13章 寛容

本書は、小社より刊行した同名の単行本を普及版として再編集したものです。

カバーデザイン　井上新八
本文デザイン
本文ＤＴＰ　野中賢（システムタンク）

第1章

信念

BELIEF

二流の人は「できない」と思い込み、
一流の人は「やればできる」と考える

一流の人は一流の信念を身につける

一流の人と二流の人の主な違いの1つは、信念である。一流の人と同様、二流の人も子ども時代の刷り込みの産物だ。

親や教師、兄弟、友人などの影響力のある人々が、私たちの初期の信念を形成する。たいていの場合、その信念は私たちを限定する。

その結果、二流の人は成功することより生き残ることを目標にするようになる。

一流の人も二流の人と同様の信念を植えつけられて育っているが、成長の過程で初期の刷り込みを意識的に変更する。

彼らは自分に熱く語りかけてポジティブな信念を定着させる。

それは細心の注意と不断の努力を要するから、言葉を慎重に選んで、頻繁に自分に語りかけなければならない。

この作業は「ポジティブな自己暗示」と呼ばれている。

一流の人が自分にポジティブに語りかけて新しい信念を定着させている事実は、二流の人にとって大きな励みになる。年齢や環境に関係なく、信念を修正できることを実証しているからだ。

二流の人は一流の人がずば抜けて高い知能を持っていると思い込んでいるが、実際のところ成功と知能はあまり関係がない。

本当に大きな役割を果たしているのは、彼らが意識的に身につけている一流の信念だ。

多くの人が自分を限定する信念に呪縛されて人生を送る経緯を説明しよう。

第1段階　親や教師、兄弟、友人などの影響力のある人々が子どもに信念を植えつける

第2段階　たとえその信念が間違っていても、子どもはそれを事実として受け入れる

第3段階　子どもはその信念を潜在意識に組み入れ、それをもとに習慣を形成する

第4段階　子どもは間違った信念を持ったまま大人になるが、それに気づかない

第5段階　大人は潜在意識の中にある、自分を限定する信念にもとづいて行動する

提案　**自分の現在の信念をリストアップし、人生に役立っているかどうかを検証しよう。もし役立っていないなら、その信念を早急に修正する必要がある。**

一流の人は積極的に人生を切り開く

私が知り合った一流の人の多くは、「子どものころに植えつけられた信念は好ましくなかった」と告白する。しかし、彼らはそう言いつつも、自分に影響を与えた親や教師が、そのときの意識レベルをもとに最善を尽くしてくれたことに感謝する。

過去を振り返って誰かを批判するのは簡単だが、一流の人はその必要性を感じない。彼らは自分が受けた刷り込みを修正しようと決意し、自分を強化する思考、哲学、習慣と取り換える。

二流の人は刷り込みの修正に興味を示さない。刷り込みの内容がどんなに劣悪でも、彼らは子どものころに植えつけられた信念にしがみつく。

一流の人は刷り込みの修正を2つの方法で行う。すなわち、①セルフトークと②イメージトレーニングだ。

①自分に語りかける言葉を二流のレベルから一流のレベルにグレードアップする。ポジティブなセルフトークのフレーズを用意し、自分に変化が起こるまで毎日それを繰り返す。

②心の映像の力をフル活用する。ポジティブなイメージトレーニングを実行し、思いどおりに人生が展開する様子を脳裏に焼きつける。

以上の2つの方法を組み合わせると、やがて心の姿勢が大きく好転する。

しかし残念ながら、ほとんどの人はこのコンセプトに気づいていない。理由は、それがあまりにも単純だからだ。

一方、一流の人はこの2つの方法で刷り込みを修正し、積極的に人生を切り開くきっかけにする。

周囲の人による刷り込みは、脳の中に定着して姿勢や行動に影響を与え、それがあなたの将来を形成していく。

シャド・ヘルムステッター（アメリカの心理学者）

提案

有害無益な刷り込みを修正するために、自分に語りかける言葉を改善し、思いどおりに人生が展開する様子を想像しよう。

一流の人は大きな自信を持っている

一流の人と二流の人の違いの1つは自信である。自信をつけてくれる親や教師に育てられた人もいるが、それはごく少数だ。

一流の人は自信をつけるのは自分の責任だとある時点で気づき、テクニックを駆使して心の姿勢を改善する。それには瞑想やスポーツ、武道、減量なども含まれるが、最大の効果が得られるのは、前項でも紹介した次の2つである。

①セルフトーク……自分に語りかける言葉を変える。ポジティブなセルフトークを粘り強く実行すれば、3カ月で人生を好転させることができる。

②イメージトレーニング……自分が物事を成し遂げている姿を思い描く。ふだんからイメージトレーニングをすることで大きな自信がつく。

提案

自信をつけるのは自分の責任だと肝に銘じ、そのための努力をしよう。

一流の人は自分の意識改革に取り組む

一流の人はどんな状況でも勝つことを期待している。ポジティブな期待を抱く習慣は、誰でも身につけることができる。それは意識改革の問題で、願望と粘り強さがあればいい。

一流の人はポジティブなセルフトークとイメージトレーニングで自分の意識改革に取り組む。彼らは「やればできる」とたえず自分に言い聞かせ、目標を達成している姿を思い描く。その様子は「ポジティブな洗脳」と呼んでもいいし、単に「自己暗示」と表現してもいい。

二流の人はネガティブな経験をもとにネガティブな期待を抱く。

一流の人はポジティブな経験をする前にポジティブな期待を抱き、それを現実にするために全力を傾ける。目標を達成して夢をかなえるうえで、これほど確実な方法はない。

提案

人生のあらゆる分野に対する自分の期待を検証し、たえずポジティブなセルフトークとイメージトレーニングに励もう。

一流の人はセルフイメージをたえず強化する

二流の人はセルフイメージが貧弱で、大きな劣等感を持っているのが特徴だ。

一流の人はこの問題を見事に克服している。すべての人が独自の才能と特技を持ち、誰もがなんらかの点で他人より優れていたり劣っていたりすることを理解しているからだ。たとえば、画家は技術者にはなれず、技術者は画家にはなれない。だからそんなことを気にして劣等感を持つ必要はまったくない。

一流の人は自分が他人と比べて優秀かどうかではなく、自分がどの分野でいかに能力を発揮できるかを考える。この習慣はセルフイメージを飛躍的に改善するのに役立つ。

一流の人にとって、高いセルフイメージは成功の基盤である。彼らは自分を高く評価している。その自信が彼らを一流のレベルに引き上げ、仕事と人生に対する姿勢に影響を与え、ビジョンの大きさを決定する。

一流の人は、セルフイメージを強化すれば、どんな夢でもかなえられると考えている。そこで、高いセルフイメージをつくり上げるために、たえずポジティブなセルフトークとイメージトレーニングを実行する。

二流の人は、ネガティブなセルフトークとイメージトレーニングで自分を落胆させて、目標を断念する。

一流の人は、ポジティブなセルフトークとイメージトレーニングで自分を勇気づけて、目標を次々と達成する。

一流の人も二流の人もゼロからセルフイメージをつくり上げるが、両者のセルフイメージは決定的に異なる。それは知能とは関係がない。あくまでも信念の問題だ。

これは人生を決定づける重大な要素である。

自尊心は高くても低くても、それに見合った現実をつくり出す傾向がある。

ナサニエル・ブランデン（アメリカの心理学者）

提案

「人生のビジョンを実現するために必要な高いセルフイメージを持っているか」と自問しよう。もしその答えがノーなら、ポジティブな自己評価を紙に3つ書いてセルフイメージを強化しよう。

一流の人は選択の力を駆使する

二流の人が被害者意識で凝り固まっているのに対し、一流の人は人間の究極の自由を行使する。

自分が選択する力を持っていることを知っているからだ。彼らはその力を駆使すれば、思いどおりの環境をつくれると考えている。

二流の人は朝になると、「今日もまたいやな仕事をしなければならない」と考えてうんざりする。

一流の人は選択次第で、したくないことをする必要がないことを知っている。

この考え方の違いが、両者の意思決定に大きな影響をおよぼす。

二流の人がなすすべもなく運命に翻弄されているように感じているのに対し、一流の人は自分の選択によって慎重に人生を構築する。

彼らはそうやって積極的に人生を切り開いていく。

それはまた、一流の人が二流の人よりもはるかに幸せな理由の1つでもある。

一流の人は自分の選択が人生のカギを握っていることを知っている。
彼らはなりたい自分になり、したいことをし、手に入れたいものはなんでも手に入ると考えている。
そして、その強い信念はやがて現実となる。

人間からあらゆるものを取り上げようとしても、絶対に取り上げることができないものが1つある。いかなる環境に置かれても自分の心の姿勢を選択する自由だ。それは人間の究極の自由である。

ヴィクトール・フランクル（オーストリアの精神科医、ホロコーストの生存者）

提案

自分が選択できないと感じていることをリストアップし、1つずつ検証しよう。それは本当にしなければならないことなのか、自分がそうすることを選んでいるだけなのか、どちらだろうか。選択の力を駆使すれば、たいていの場合、したくないことをしなくてすむ。しなければならないと思っていることでも、客観的にはしないほうを選択できることがよくあるものだ。

一流の人はお金を引き寄せる考え方をする

毎朝、働きたくて起きているなら、あなたはお金をコントロールしている。しかし、働かなければならないから起きているなら、あなたはお金にコントロールされている。世界で最も豊かな国と言われるアメリカですら、国民の9割以上がお金にコントロールされているのが現状だ。

お金がないのは結果であり、原因は考え方にある。

一流の人は意識を変えて、お金を引き寄せる考え方を学んでいる。

二流の人は高等教育が金持ちになる方法だと思い込んでいるが、学者の大半は金持ちではない。彼らは高度な学位や資格を取得すれば金持ちになれると思い込んでいるから、実際にそれを取得しても金持ちになれないことに戸惑いを感じている。

一流の人は高等教育の意義を認めつつも、それが金持ちになることとはあまり関係がないことを知っている。

二流の人が時間とお金を交換するのに対し、一流の人はアイデアとお金を交換する。問題を解決するアイデアがあれば、お金を稼げることを知っているからだ。

二流の人はお金がないことへのいらだちから金持ちを侮蔑することがよくあるが、お金を稼ぐにはアイデアがあればいいことに気づいていない。

約150年前、共産主義を提唱したカール・マルクスは、労働者階級が立ち上がって圧政を解き放つと信じていた。しかし、彼は労働者階級に特有の「貧困を引き寄せる考え方」を計算に入れていなかった。

たとえば、貧しい人に100万ドルを稼ぐチャンスを与えても、それを生かせずに貧しい状態にとどまってしまうのである。貧しいセルフイメージが足かせになるからだ。

このように貧富の差は考え方に起因する。

提案

「どの程度の経済的成功が自分にふさわしいと感じるか」と自問しよう。経済状態はセルフイメージとほぼ合致する。経済状態は結果であり、原因は考え方にある。だから原因を改善すれば、結果はあとからついてくる。

一流の人は信念を持って仕事に取り組む

一流の人の特徴の1つは、信念を持って仕事に取り組んでいることだ。彼らは周囲の人に多大な影響を与え、世の中をよりよくする。

はたから見ても、一流の人はすぐにわかる。目が輝き、声が自信にあふれているからだ。一流の人は信念を持って取り組む仕事を見つけて、それに全身全霊を傾ける。

二流の人は信念を持って取り組む仕事を見つけようとせず、仕事が終われば気晴らしをする。よく言えば気分転換だが、悪く言えば現実逃避である。

二流の人が気晴らしとして頻繁に利用するのが、酒とスポーツ観戦だ。自分で努力して大金を稼ぐよりも、酒を飲みながら応援や野次に興じるほうがはるかに楽である。二流の人は人生という舞台の観客だが、その原因は、信念を持って取り組める仕事を見つけようとしないことにある。

提案

仕事に対する自分の姿勢を検証し、信念を持って仕事に取り組むにはどうすればいいかを考えよう。

一流の人は大きな野心を抱く

もし宝の地図を譲り受けたら、誰でも地図に従って宝を見つけようとするだろう。実際、世の中は宝であふれている。それなら、なぜ大多数の人は生き残ることで精一杯なのか。

答えは簡単。宝を見つけることが自分にはできないと思い込んでいるからだ。

人間は本能ではなく信念にもとづいて行動する生き物である。ほとんどの人はネガティブな信念を植えつけられているから、二流の人を友人として引き寄せて自分の信念を強化する。そして、「運が悪い」「社会が悪い」「チャンスがない」と不平を言って自分たちのふがいなさを正当化する。

一流の人は二流の人と比べて知能や才能に恵まれているわけではない。しかし、成長の過程でネガティブな信念を捨てて、野心にあふれたポジティブな信念と取り換える。そして、その信念に従って常に勝利をめざし、実際に勝ち続ける。

提案

自分の信念の内容を検証しよう。それはポジティブとネガティブのどちらだろうか。

一流の人はお金よりも充実感を追い求める

幸せを探すとき、二流の人がお金を追い求めるのに対し、一流の人は充実感を追い求める。彼らはその過程で大きな価値を創造するので、結果的に巨万の富を築くことが多い。

二流の人は手っ取り早く金儲けをしようとする傾向がある。金持ちになれば、心の中の空虚感を埋められると思い込んでいるからだ。

しかし、どんなに大金を得ても物足りなさが残る。空虚感は充実感によってのみ埋めることができるからだ。

二流の人は、お金と所有物が充実感を得る条件だと思い込んでいる。

一流の人は仕事で充実感を得る。彼らは大好きなことを見つけ、能力を最大限に発揮する。つまり、働くという行為の結果ではなく、働くという行為そのものから充実感を得るのだ。

二流の人はどんなにお金やモノを手に入れても充実感が得られないことに失望し、「結局、この程度か」と疑問に思う。

そのとおりだ。どんなにお金やモノを手に入れても、本当の充実感は得られない。

一流の人は大好きなことをして充実感を追い求める。たとえ結果が出なくても、彼らは仕事そのものから充実感を得ることができる。

一流の人はお金のために働かず、仕事が大好きだから働く。彼らにとって、お金は「おまけ」のようなものだ。

大好きなことを仕事にしているなら、あなたにとって最高の報酬は働くという経験そのものである。

ビル・ゴーブ（アメリカの講演家）

提案

「働く理由は、お金がほしいからか、仕事が楽しいからか」と自問しよう。もしその答えが前者なら、いくらお金を手に入れても、充実感は得られない。しかし、もしその答えが後者なら、たとえお金が手に入らなくても、充実感を得ることができる。

一流の人は充実感が得られるビジョンを思い描く

二流の人は成功が幸せになる方法だと思い込んでいるが、一流の人はそうではないことを知っている。多くの人は痛い目にあってそれを経験的に学ぶ。成功するために一生懸命に働いて、実際に成功すると、それが空疎な勝利であることに気づくのである。

つまり、ほとんどの人は逆のことをしているのだ。求めるべきものは成功ではなく充実感である。なぜなら、充実感を得ることができれば、成功はたいていそのあとについてくるからだ。

その典型的な例が、一流の人の仕事に対する姿勢だ。彼らは仕事が大好きである。仕事が単に好きというのではなく大好きなのだ。この違いは非常に大きい。仕事が大好きであることが、充実感を得るための必要条件だ。充実感が得られれば、成功することはたやすい。充実感は成功を引き寄せる磁石のようなものなのだ。

充実感は高いレベルの波動を発する。なぜなら、それは愛にあふれているからだ。富める者がますます富むのは、そういう理由からである。

金持ちになっても、みじめな人はたくさんいる。しかし、充実感が得られれば、みじめな気持ちにはならない。一流の人はそれを知っているから、充実感が得られるビジョンを思い描く。成功はその副産物だ。

たとえ経済的に大成功を収めて億万長者になっても、幸せになれるとはかぎらない。富と権力を手に入れても、幸せの扉は開かないのだ。

人々は資産を築くために躍起になっているが、本当に必要なのは充実感である。

ボブ・コンクリン（アメリカの著述家）

提案

「自分が求めているのは成功か充実感か」という重要な問いを自分に投げかけよう。もし成功を求めているのなら、まず充実感を求めるように方針を転換する必要がある。たとえ無報酬でもしたくなるほど大好きな仕事をしているだろうか。もしそういう選択ができるとすれば、あなたは何をするだろうか。

一流の人は大きな可能性を自覚している

二流の人は自分の潜在能力に気づかず、「なんて無能なのか」とひそかに嘆きながら生きている。ほとんどの人は子どものころに親や兄弟、教師をはじめ周囲の人から「おまえにできるはずがない」「どうせダメに決まっている」と教え込まれて育つ。

大人になっても自分の限界に失望しながら生きている人が多いのも不思議ではない。

一流の人はこういう信念が間違いであり、そのために無数の人々が心の牢獄にとらわれていることを知っている。

ほとんどの人が「しまった」と思うころ、人生はもう終わりに近づいている。

老人ホームの入居者に共通する後悔は、「思い切ってやってみればよかった」である。

一流の人は成長の過程で意識的に初期の刷り込みを修正するか、大人になってから一流の人の影響を受けて初期の刷り込みを修正する。

その結果、自分の潜在能力がほぼ無限で、可能性がいくらでもあることに気づく。そして成功のための代償を払えば、どんな夢でもかなえられることを知る。
それに気づいたごく一部の人が、人生の目標を決めてその実現に全力を傾ける。

本来あるべき姿と比べると、私たちは半分しか目覚めていない。なぜなら、肉体的・精神的な資質のごく一部しか活用していないからだ。人間は自分が設定する限界の中で生きている。さまざまな能力を持っているにもかかわらず、私たちはそれをほとんど使っていないのが実情だ。

ウィリアム・ジェームズ（アメリカの心理学者、ハーバード大学教授）

提案

本当に自分のことを思ってくれている5人の友人を選び、あなたの最大の才能を5つリストアップしてもらって理由を尋ねよう。周囲の人からどう思われているかを知って驚くはずだ。このリストは、自分でも気づかなかった才能を発揮するきっかけになる。そのリストをコピーして保管しよう。能力の限界を感じて失望しているときはとくにそうだが、それは生涯にわたってモチベーションとインスピレーションの源泉になる。

一流の人は自分を尊敬している

二流の人は尊敬に関してかなり苦労する。他人を尊敬することは、自分を尊敬することと直接的な関係があるからだ。

「自分にないものを他人に与えることはできない」という格言は、尊敬にもあてはまる。

一流の人にとって、他人を尊敬することは容易である。なぜなら、自分を尊敬しているからだ。彼らは何度もピンチを切り抜けて成果をあげてきたので、非常に高い自尊心を持っている。

もし二流の人が一流の人より知能と才能が劣っているのなら、彼らが安易な道を選ぶのも納得できる。しかし、二流の人は一流の人と比べて知能と才能が劣っているわけではない。場合によっては二流の人のほうが優れていることもある。

にもかかわらず、二流の人は安易な道を選んでいる。彼らはそれを心の奥底で痛感している。夢を見て心の声を聞きながら、それを押し殺しているのだ。

こういう生き方は悲しみと抑うつの原因になる。「もしかしたらできるのではないか」という思いがあるだけに、夢をあきらめることは多大な苦痛を伴う。そこでテレビを見たり酒を飲んだりして憂さ晴らしをするのだ。

その結果、二流の人は自尊心が低下して自分を尊敬できなくなり、また他人を尊敬できなくなる。

このパターンは多くの人に大きな悪影響をおよぼしている。なぜなら、人間は尊敬を渇望する感情的な生き物であり、自分を尊敬できないと心がすさんで、さまざまな弊害が発生しやすいからだ。

一流の人は積極的に人生を切り開いているので、自分を大いに尊敬することができる。そしてそれは必然的に他人への敬意につながる。


軽薄な人間は他人をからかい、あざける傾向がある。しかし、自分を少しでも尊敬している人は、他人を見くだすようなことはけっしてしない。

ゲーテ（ドイツの詩人、小説家）

提案

自分をもっと尊敬するためには、習慣や行動にどんな変化を起こせばいいかを考え、それを紙に書いて1カ月間実行しよう。それを1年間継続し、人生がどう変わったかを確認しよう。

一流の人はビジョンの実現をめざす

二流の人は幸せを探し求めて心の旅に出る。

一流の人は、幸せは直接的に追い求めることができないことを知っている。彼らは幸せが充実感の副産物であることを理解し、幸せの追求ではなくビジョンの実現をめざす。

二流の人は外面的なことで幸せを得ようとする。たとえば、食事や買い物、娯楽などを通じて一時的な幸せを追い求めるのがそうだ。

一流の人は大好きな仕事をし、尊敬する人たちと良好な関係を築き、理想の異性と結婚して充実感を得ることによって永続的な幸せを得る。

そして、その幸せは奥深い喜びをもたらす。

提案

幸せを追い求めるのではなく、充実感を得ることをめざそう。

一流の人は明朗快活である

二流の人は自分の思考によって墓穴を掘っている。
一流の人は自分の思考を念入りに構築することによって成功を手に入れる。それには明朗快活な性格でなければならないことを知っている。

二流の人は「環境が思考をつくる」と思い込んでいる。
一流の人は「思考が環境をつくる」と考えている。彼らは「内面の世界が外面の世界を決定する」という法則を知っている。たとえば、内面的に明朗快活な性格なら、外面的にもそれに見合う現実を引き寄せる。だから彼らはできるだけ明朗快活な性格になるように努める。

提案

毎朝、明朗快活になるように訓練しよう。そうすることで、どれだけ多くの明朗快活な人たちを引き寄せるかを体験しよう。

一流の人は引き寄せの法則を実践している

一流の人に関する最大の秘密の1つは、「人間は心の中でたえず思っているものを引き寄せる」という法則を実践していることだ。

いわゆる「引き寄せの法則」と呼ばれるもので、太古の昔からさまざまな表現で書物に記されてきた。

宗教的には、強い思いや祈りが神の意志を通じて人や出来事、環境を引き寄せると信じられている。

世俗的には「潜在意識の力」と呼ばれ、自分の中の奥深くにある優勢な思考がそれを現実にするために人や出来事、環境を引き寄せると説明されている。

いずれにしろ、すべての偉大な思想家の見解が一致しているのは、引き寄せの法則がたしかに存在し、人間の思考を現実にするということだ。

たえず何かに意識を向けていると、やがて現実になる。一流の人はそれを知っている。その内容がポジティブでも、ネガティブでも、中立的でも関係ない。この法則は内容と無関係に働く。

思考は波動を伴い、それにエネルギーが加わると次第に現実になっていく。思考は信念となり、信念は行動となり、それが結果をもたらすのだ。
二流の人は引き寄せの法則に気づいていない。
一流の人は引き寄せの法則を活用して豊かな収穫を得る。

望んでいるかどうかに関係なく、私たちは自分の意識を集中する対象を引き寄せる。

マイケル・ロージェ（カナダのトレーナー）

提案

自分の人生の各分野を検証し、主な思考の内容を見極めて、もしその内容に確証が持てないなら、結果を点検しよう。あなたが得ている結果は、一定期間の思考が現実になったものだ。結果を変えたいなら、思考を変える必要がある。人生の1つの分野を選んで、現実にしたい3つの新しい思考を紙に書き、それを1カ月続けて結果を確認しよう。

一流の人は大きく考える

二流の人は小さく考えて必死で生き残りをはかる。

一流の人は大きく考えて輝かしい未来を創造する。

周囲の人に「ふだん何を考えているか」と尋ねてみよう。「なんとかやっていくことしか考えていない」と答える人がけっこう多いことに驚くはずだ。

しかし、一流の人に言わせると、それは自分を見くびることと同じである。彼らは「同じ時間と労力を費やすなら、大きく考えたほうがいい」という哲学で生きている。一流の人は愛と豊かさにあふれた意識を持っているので、それが大きく考えるのを後押しする。

二流の人は人生を危険なものとみなして安全策をとるので、夢をあきらめざるをえない。

一流の人は人生を楽しいゲームとみなしてリスクをとるので、大きく考えて夢を実現する。

両者は考え方が正反対で、まるで別世界の住人のようだ。

提案

自分の夢を検証しよう。大きく考えているか、自分を見くびっているか。

一流の人は未来志向の言葉を使う

他人の意識レベルを判別する最も手っ取り早い方法は、その人の言葉の使い方に耳を傾けることだ。重要なのは、発言の内容と表現の仕方である。

一流の人は言葉の使い方が素晴らしい。楽天的で自信に満ちた未来志向の言葉には、彼らに特有のポジティブな思考がうかがえる。

二流の人が「まあなんとかやっている」という言い方をしがちなのに対し、一流の人は「これからますますよくなる」という言い方をよくする。

言葉は豊かさも貧しさも自在に引き寄せる力を持っているから、言葉の使い方は非常に重要である。

二流の人は恐怖と欠乏におびえ、悲観的で自信のない言葉を使う。

一流の人は愛と豊かさにあふれ、楽天的で自信に満ちた言葉を使う。

提案

周囲の人が使っている言葉を観察し、自分が日ごろ使っている言葉に気をつけよう。

第2章
勇気
COURAGE

二流の人はおびえながら恐怖の前にひれ伏し、
一流の人は勇気をふるって恐怖を払いのける

一流の人はすすんでリスクをとる

二流の人はリスクを忌み嫌う。「無難に生きていけばいい」と教え込まれているからだ。「挑戦しなければ、失敗せずにすむ」というのが、彼らの信条である。恐怖と欠乏におびえているために、知らず知らずのうちに安全策をとっているのだ。

一流の人は愛と豊かさにあふれた意識を持っているので、自分に限界を設定しない。彼らはすすんでリスクをとる。たとえ失っても、必ず取り戻せると信じているからだ。彼らの心の中には資源とお金が潤沢にある。だから失うことへの恐怖はほとんどない。

一流の人が常にリスクをとるのは、仕事でも人生でも学習と成長が欠かせないことを理解しているからだ。

ワクワクすることをしないなら、どうやって学習し成長するのだろうか。足りないのは資源やお金ではなくアイデアだ。

リスクをとらなければ、発展を遂げることはできない。
これが一流の人の考え方である。

誰もが残された時間の中で生きていて、いつかその時間がなくなる。だからリスクをとるべきときは、今この瞬間だ。
一流の人はそれをよく知っている。

いつか老人ホームに入って、「ずっと安全策をとるばかりで、思い切ったことをしなかった」と後悔するのは避けたいものだ。

チャーリー・エイテル（アメリカの実業家、シモンズ社会長）

提案

リスクをとれるようになるには、勇気を出して行動する習慣を身につける必要がある。ずっとしようと思っていたことについて、今日、小さなリスクをとろう。恐怖を感じても、とにかくやってみることだ。このエクササイズになじみがなくても心配はいらない。リスクをとるたびに恐怖をあまり感じなくなる。

一流の人はどんな状況でも平常心を保つ

二流の人はプレッシャーがかかると冷静さを失って動揺しやすい。負けることを恐れるあまり、緊張して自滅してしまうのだ。

一流の人はプレッシャーがかかる状況でも冷静さを失わず、常に落ち着いている。

二流の人は「勝たなければ大変なことになる」と自分に言い聞かせるので、プレッシャーに押しつぶされる。

一流の人は「これはゲームにすぎない」と考えているので、プレッシャーをうまく取り除くことができる。

一部の人はスポーツ選手を例にとって、「一流の人はプレッシャーがかかればかかるほど、いいプレーをする」と主張するが、それは真実ではない。

プレッシャーとパフォーマンスは反比例するのだ。

これは一流の人も二流の人も同じである。一流の人がよりよい結果を出すのは、プレッシャーがかかる状況での身の処し方を知っているからだ。

二流の人はプレッシャーを脅威とみなして心身ともに委縮する。

一流の人は「この状況は生死にかかわることではない」と自分に言い聞かせ、平常心を保つことを心がけている。
一流の人に共通するこのセルフトークは、誰でも簡単に実行することができるのだが、二流の人はそれをめったに実行しない。

ほとんどの状況で必要なのは、ペースを落とすことではなく、心を落ち着けることだ。

ボブ・プロクター（アメリカの講演家）

提案

プレッシャーがかかる状況に直面したら、「これは生死にかかわる状況ではない」と自分に言い聞かせて平常心を保とう。この習慣は、窮地に追い込まれても自分のポテンシャルを最大限に発揮するのに役立つ。

一流の人は自分に熱く語りかける

セルフトークとは心の中でたえず自分に語りかけている言葉のことだが、それをどのように言うかも重要だ。

一流の人はセルフトークの力を知っている。

二流の人は自分に対して言っていることの内容と、それが人生におよぼす影響にあまりにも無頓着である。

この分野の第一人者として知られるシャド・ヘルムステッター博士によると、人々のセルフトークの77％はネガティブだという。

目の前にいる人が一流か二流かを識別する最も簡単な方法は、その人の言葉に耳を傾けることだ。一流の人の口癖は「やればできる」である。

一流のセルフトークを身につければ、あらゆる成功法則の中で最も強力な武器となる。しかし、本書で紹介している思考、哲学、習慣と同様、それはあまりにも単純なために見落とされがちだ。

二流の人は自分に対して無意識に二流の言葉を使っている。たとえば、せっかくアイデアを思いついても、「やっても無駄だ」「どうせダメに決まっている」と自分に言い聞かせて、それを実行しようとしない。

一流の人は素晴らしいアイデアを思いつくと、「やればできる」と自分に言い聞かせ、そのアイデアを実行に移して成果をあげる。

アファメーション（肯定的な自己宣言）はきわめて効果的な方法だ。どんな内容であれ、心の中で繰り返し唱えているうちにやがて現実になっていく。

トム・ホプキンズ（アメリカの著述家）

提案

まず、「自分に語りかけている言葉は勝利と敗北のどちらにつながるか」と自問しよう。次に、周囲の人が使っている言葉に耳を傾け、「その人が使っている言葉は勝利と敗北のどちらにつながるか」と自問しよう。言葉が人生に多大な影響をおよぼしていることが手にとるようにわかるはずだ。

一流の人は限界に挑戦する

一流の人は大胆である。自分に大きな自信を持っているから、いつも限界に挑戦する。

二流の人は他人の評価を気にするあまり、思い切ったことができない。

一流の人が限界に挑戦するのは、あともう少し努力すれば勝利を収めることができると確信しているからだ。二流の人からすると大胆すぎるように見えるが、一流の人はそれを成功に必要な代償の一部とみなす。

この小さな違いが非常に大きな違いを生む。

一流の人の欠点は、目標を達成するために時おり無謀な行動に出ることだ。しかし、そんなとき彼らは、周囲の人の助言に耳を傾けて速やかに軌道修正をする。一流の人は勝算のない危険な賭けをしない。

提案

今日、ふだんより思い切ったことをし、どんな気分になるかを見極めよう。1日の終わりにこのエクササイズの感想を記録し、今後の行動に役立てよう。

一流の人は昨日の自分を超えることをめざす

二流の人にとって、勝利とは他人に勝つことを意味する。一流の人にとって、勝利とは昨日の自分を超えることを意味する。彼らは他人より優れていたいという欲求を超越し、自分をもっと磨くことに意識を向ける。

一流の人は「昨日よりも今日、今日よりも明日もっとよくなろう」という哲学で生きている。彼らにとって勝利とは、職業人として、さらに人間として、たえず成長し、進化を遂げることだ。

一流の人は勝利を内面の問題とみなす。だから他人に勝つことではなく、自分の最もいい部分を引き出すことに意識を向ける。つまり勝利とは、今までの自分を超えることである。

ビル・ゴーブ（アメリカの講演家）

提案

他人に勝ちたいという欲求を捨てて、自分をひたすら磨くことに意識を向けよう。

一流の人は現在に生きて未来を夢見る

二流の人は過去に生きる傾向がある。

一流の人は現在に生きることを信条とし、明るい未来を夢見る。

私のビジネスパートナーで人生の師と仰いでいた故ビル・ゴーブが、生前にこんなことを言っていた。

「過去に関して最も重要なことは、それが現在と未来にどんな影響を与えるかということだけだ。過去はそれ以外のどんな力も持っていない」

不幸なことに、二流の人の意識は過去に呪縛されていることがあまりにも多い。たとえば、「もしあのときこうしていたら、きっと成功していたのに残念でならない」とか「もしあのときうまくいっていたら幸せになれたはずだが、今となってはもうどうしようもない」といったぐあいだ。

二流の人はいつも過去を振り返って後悔しながら生きている。まるでバックミラーをのぞき込んで前を見ずに車を運転するようなものだ。

彼らは過去から教訓を学ぶのではなく、被害者意識にとらわれながら生きている。しかし、被害者意識を持つことは、負け続ける口実を自分に与えることにつながる。

一流の人は、時おり昔を懐かしむとき以外は、過去を振り返らない。彼らは時間が刻々と過ぎ去っていることを肝に銘じ、自分に残された時間がどんどん少なくなっていることをいつも切実に感じている。だから、後悔して悲嘆に暮れている暇はないと考えている。

昨日どんなにつらい経験をしたとしても、それが今後の行動に支障をきたさないように気をつけなければならない。昨日の教訓は明日の勝利の最も貴重な土台なのだ。

ジョン・ターハン（アメリカの経営コンサルタント）

提案

過去を解き放ち、現在と未来に焦点を絞って生きよう。

一流の人は断り方を知っている

一流の人は時間の使い方に対して毅然とした態度をとる。生きている時間が有限であるという意識によるものだ。彼らは時間を最も貴重な資源とみなす。成功すればするほど断る機会が多くなるのは、依頼や相談が増えて時間が足りなくなるのを懸念しているからだ。

二流の人は時間がいくらでもあると思い込んでいるが、それは幻想にすぎない。

一流の人は寛容の精神で他人と接するが、時間の使い方には慎重を期す。だからたとえ利己的だとか冷たいと批判されても、断ることに後ろめたさを感じない。

時間を無駄にしてはいけない。人生は時間で成り立っているのだ。

ベンジャミン・フランクリン（アメリカの政治家、科学者、著述家）

提案

期待している結果をもたらさない活動を見極め、貴重な時間を確保するために毅然とした態度で断る習慣を身につけよう。

一流の人は鮮明で詳細なビジョンを思い描く

人間はたえず心の中で思っているとおりの人物になる。これについては世界中の思想家の見解が一致している。

一流の人はこの原理に従って鮮明かつ詳細なビジョンを思い描き、それを紙に書いてたえず考える。彼らは常に自分に熱く語りかけ、理想のイメージを潜在意識に焼きつける。顕在意識は潜在意識のイメージが現実ではないことを知っているから、それを現実にするための行動を起こすように脳に指令を送る。

その結果、一流の人はビジョンに向かって邁進する。この時点で彼らはビジョンについてポジティブな思考だけを抱き、心と体と魂のエネルギーをわき上がらせる。

提案

実現したいビジョンを紙に書き、それについてたえず考える習慣を身につけよう。

一流の人は何度でも挑戦を続ける

二流の人が学校を卒業すると同時に学習を終えるのに対し、一流の人は学校を出てからもたえず学習に励む。彼らは卒業が本格的な学習の始まりだと考えているから、二流の人より成長の度合いがはるかに大きい。

二流の人がなるべくリスクを避けようとするのに対し、一流の人は常にリスクをとる機会を探し求める。

二流の人は失敗したらすぐにあきらめる。彼らは失敗を極度に恐れるので、達成できるとわかっている目標にしか取り組まない。

一流の人は失敗を通じて成功しようとする。彼らは失敗を活用し、教訓を学びながら何度でも挑戦を続ける。

提案　**失敗を通じて成功すると自分に言い聞かせよう。1カ月間それを続ければ、人生は変わる。**

一流の人は変化を歓迎する

二流の人は、現在の地位にたどり着くのに役立ったスキルや考え方にしがみつく。一流の人は、激変する環境に順応することが、繁栄を築き上げるための条件であることを知っている。

二流の人が変化を脅威とみなして避けようとするのに対し、一流の人は変化を恩恵とみなして適応しようとする。

二流の人が古き良き時代を懐かしむのに対し、一流の人は今こそが良き時代であることを知っている。

わが社で取り残されるのは、過去の栄光にしがみつく人だ。

ジャック・ウェルチ（元ゼネラル・エレクトリック会長）

提案

もはや通用しない過去の信念や方法を見極め、それを最新のものと取り換えよう。

第3章

努力

EFFORT

二流の人は努力を嫌って楽をしたがり、
一流の人は努力を重ねることを楽しむ

一流の人は成功に必要な代償を払う

二流の人は一流の人の成功を「幸運」という月並みな言葉で表現しがちだが、それは見当違いである。一流の人は成功するために途方もない代償を払っているのだ。

二流の人が勝利に必要な努力を避ける方法を考えるのに膨大な時間を空費しているあいだ、一流の人は代償を払って地味な努力を積み重ねる。実際、二流の人は一流の人の膨大な努力を知って驚く。

二流の人は成功への近道がどこかにあると思い込んで、それを見つけようとする。しかし、そんなものは見つかったためしがない。

成功するためには、欲求の充足を遅らせて血と汗と涙を流し、苦しみを乗り越える必要がある。つまり、ありもしない近道を探すよりも、あえて遠回りするほうが大事なのだ。

人生では、成功に必要な代償を事前に払うか、後悔という代償をあとで払うか、どちらかを選択しなければならない。

一流の人は成功に必要な代償を払うほうがずっといいことを知っている。

もし1日8時間労働を押しつけられ、それより多く働いて仕事に最大限の努力をするのはほかの人たちに不公平だからやめるように説得されていたら、私はどうなっていただろうか。私は若いころに「1日8時間労働」という概念がなかったことをうれしく思う。もし1日に8時間しか働かなかったら、私は大した功績をあげられなかったに違いない。また、もし半世紀前の若者たちが熱心に働かなかったら、この国は大した国にならなかっただろう。

トーマス・エジソン（アメリカの発明家）

提案

すぐに喜びを得るか、あとで欲求を充足させるか、どちらを優先しているかを考えよう。たとえ前者でも、心配する必要はない。総人口の95%はそうだからだ。しかし、後悔を避けたいなら、欲求の充足は後回しにしたほうがいい。だからといって、喜びが得られないわけではない。短期の快楽を追い求めるのをやめれば、成功して長期の満足を得ることができる。

一流の人はひたむきに努力する

二流の人はリストラされない程度に働く。彼らの信条は、仕事でしたすべての行為の対価を受け取ることだ。

一流の人はそれと正反対の姿勢を貫く。彼らはひたむきに努力すれば、いくらでもチャンスに恵まれることを知っている。大勢の移民が自由主義国家アメリカにやってきて、その多くが金持ちになっている理由はそこにある。彼らは一生懸命に努力できることに感謝し、仕事に精を出す。

たとえば、レバノン出身のニド・クベインは夢を抱いて一文無しでアメリカに来て、実業家として大富豪になった1人だ。実際、移民は金持ちになる確率がアメリカ生まれの人たちより4倍も高い。この驚くべき現象の要因は、彼らがひたむきに努力することにある。

提案

自分がどれだけ努力しているかを客観的に検証し、努力の度合いを高めよう。

一流の人は成功の秘訣を実践している

ビジョンを実現するために全力を傾けるかどうかが、夢を追い求める人と白昼夢にふける人の違いになる。

一流の人の特徴は、大きなビジョンを持ち、それを実現する必要がある理由をよく知っていることだ。

二流の人の特徴は、いつも白昼夢にふけるばかりで、大きなビジョンを持ってそれを実現する努力を怠っていることだ。

ビジョンを実現するために最大限の努力をすることが、大きな成功を手に入れる秘訣である。一流の人はそれをよく知っている。

提案

ビジョンの実現に見合う努力をしているかどうかを検証しよう。もし努力を怠っているなら、もっと努力するか、ビジョンを小さくするか、どちらかを選ばなければならない。

一流の人は現実を直視する

この約20年間、大勢の人の指導をして気づいたのは、二流の人が自分の努力と成果について幻想を抱いているという事実だ。つまり、自分が実際よりも努力していると勘違いし、もっと成果が得られるはずだと考えているのである。

二流の人はもっと上のレベルを意識しているが、心の中ではそこまで到達できると思っていないので、行動を起こそうとしない。言い換えると、一流のレベルに達することを願ってはいるのだが、そのための労を惜しんでいるのだ。現実があまりにも厳しいために、自分は全力を尽くしているという幻想にひたっているのである。

一流の人は自分に正直で、現実を直視している。だからさらなる高みをめざすためには、幻想を抱かずに不断の努力が必要であることを知っている。

提案

ビジョンを実現するのにふさわしい努力をしているかどうかを検証しよう。

一流の人は自分に膨大な時間を投資する

二流の人は即効性を求める傾向がある。多少なりとも努力すれば、すぐに見返りが得られると考えているからだ。

一流の人は能力や技術を徹底的に磨き上げる。それはたいてい長期におよぶ不断の努力を要し、その過程で見返りはほとんど得られない。自分に膨大な時間を投資して世間の批判や嘲笑を浴びることもあるが、周囲の冷ややかな反応を気に留めず、一心不乱に打ち込む。

二流の人は能力や技術をあまり磨かず、中途半端な状態で見返りを求める。

一流の人は欲求の充足を遅らせ、能力や技術を徹底的に磨き上げる。

その結果、二流の人が自らの市場価値を低迷させるのに対し、一流の人は自らの市場価値を高騰させる。

提案

「小さな努力に対してすぐに見返りを求めるか、自分の価値を十分に高めてから見返りを求めるか、自分はどちらだろうか」と自問しよう。

一流の人はたえずスキルを磨く

二流の人は学校で教わった細かい情報を暗記するのがたいてい得意だ。

一流の人は能力開発に集中し、データの収集はインターネットで検索するか他人の手にゆだねる。

二流の人が自分の職業の安定について心配しているあいだ、一流の人は自分の専門分野のスキルを磨くことに時間と労力を費やす。そうやって彼らは能力開発に専念し、企業や組織から求められる人材になる。

未来は自分を磨く者のためにある。

これは歴史を通じて証明されている真理だ。

提案

能力開発のために継続すべき重要な活動を3つリストアップし、毎週、欠かさず数時間を投資しよう。

一流の人は集中力を持続させる

一流の人は目標を達成するために集中力を持続させ、目標の達成を妨げるものを徹底的に排除する。その様子は「執念」と表現してもいい。

二流の人はあいまいな目標を掲げて、いつも迷走している。

一流の人は目標の選択に膨大な時間と労力を注ぎ、いったん目標を設定すると驚異的な粘り強さでやり遂げる。彼らにとって目標は、朝から晩まで集中し続ける対象だ。アイデアを思いついたら記録できるように、枕元に筆記具を常備するほどの熱の入れようである。

二流の人は、一流の人の成功要因が幸運や知能だと思い込んでいる。

一流の人は、集中力の持続こそが自分の成功要因であることを知っている。

提案

これからの1年間で達成したい重要な目標を紙に書き、それを実現するために集中しよう。

一流の人は常識にとらわれない

社会の進歩の大半は、立ち上がって現状を変革する一流の人たちにかかっている。彼らは限界に挑み、世間では不可能と考えられていることをしようとする。じつにありがたいことだ。

二流の人が現状に甘んじるのに対し、一流の人は常識を疑い、よりよく、より速く、より効果的な方法を常に探し求める。

二流の人が変化を恐れるのに対し、一流の人は変化に楽しみを見いだす。

二流の人からすると、一流の人は目標が大きすぎて常識はずれに見えるが、一流の人にとって、それはどうでもいいことだ。

二流の人は現状維持が最善の策だと思い込んで、今の状態をかたくなに保とうとする。しかし、もし世の中がそんな人ばかりなら、イノベーションを起こすことはできなくなる。

20世紀初め、起こすべきイノベーションはすでになくなったと信じられていた。しかし、そんな考え方は一流の人には受け入れがたく、彼らは現状の変革をめざした。

もちろん一流の人も限界を考慮に入れるが、二流の人のようにそれにあまりこだわらない。世の中が進歩するのは、既存の常識にとらわれずに挑戦を続ける実行力のある人たちがいるからだ。

夢が大きければ、現実なんてどうでもいい。夢を現実にすればいいのだから。

レイ・ヤングブラッド（アメリカの起業家）

提案

自分の人生を支配している常識を疑い、「このままでいいのか」と自問しよう。

一流の人は恐怖に打ち克つ

一流の人と二流の人の大きな違いの1つは、恐怖の扱い方である。
二流の人がたえず恐怖にさいなまれているのに対し、一流の人は恐怖をものともしない。まるで毒蛇の首筋をつかむ蛇使いのようにいともたやすく恐怖を手なずけるのだ。彼らは恐怖に屈しているかぎり、自分の能力を存分に発揮できないことを知っている。

一流の人は苦境に立たされても平静を保つ方法を心得ている。恐怖に何度も立ち向かっているから、恐怖に打ち克つすべを心得ているのだ。たいていの場合、その過程で興味深い現象が起こる。突然、それまで恐れていた活動が楽しくなるのだ。

どの世論調査を見ても、世界中の人々に共通する最大の恐怖は、人前で話すことである。二流の人にとって、人前で話して恥をかくことに対する恐怖は耐えがたく、彼らはそういう機会をできるだけ避ける。

一流の人は人前で話して自分の思いを伝えることの重要性を認識しているから、その恐怖と向き合っているうちに、人前で話すことが楽しくなると同時に得意になる。彼らにとって、人前で話すことは一種の快感なのだ。

一流の人は恐怖に打ち克つと長期的に自分の強みになることを知っている。それによって彼らはますます大きな成功を収める。

二流の人はたいてい恐怖から逃げて短期的な安心感を得ることで満足する。それによって彼らはますます成功から遠ざかる。

提案

恐怖を感じる活動の意義を認識し、その恐怖に打ち克つことが自分の強みになると判断したら、それを特技にする努力をしよう。

一流の人は自分でチャンスをつくり出す

二流の人はチャンスが訪れるのをひたすら待つ。彼らは遠い親戚の遺産が転がり込むことや宝くじが当たることをひそかに期待している。どのカジノもチャンスの訪れを待つ二流の人でいつもごった返しているのが現状だ。

一流の人は、チャンスは待つものではなく、自分でつくり出すものだと考えている。チャンスをつくり出せば、それがさらにチャンスを呼んで大成功につながることを知っているからだ。

一流の人は積極的に人生を切り開き、世の中に衝撃を与えようとする。

二流の人は運と環境に恵まれるのを受け身の姿勢で待っている。

この考え方の違いの根源は、失敗に対して恐怖を抱いているかどうかだ。

一流の人はチャンスを前にして失敗を恐れない。彼らにとって、それはゲームのようなものだ。一流の人は1つのゲームで失敗しても次のゲームに挑めばいいと考え、勝つまでゲームに挑み続ける。

二流の人は失敗に対する恐怖で身動きがとれず、ゲームに挑もうとしない。そのために一流の人と同じレベルでプレーする勇気と自信を持つことができない。

「チャンスがない」というのは、臆病者の言い訳である。どの人の人生もチャンスであふれている。たとえば新聞記事1つとっても、読み方次第でチャンスが見つかる。

オリソン・マーデン（アメリカの成功哲学者）

提案

いつか挑戦したいと思っていることを5つリストアップし、少なくともその1つを24時間以内に挑戦してみよう。意思決定の際に感じるかもしれない恐怖を乗り越え、慎重に計算したうえで、あえてリスクをとろう。

一流の人は綿密に人生の計画を立てる

一流の人の特徴の1つは、ほしいものを決め、その理由を明確にし、それを手に入れる方法を知っていることだ。彼らはいつも思考を研ぎ澄まし、それが行動にもはっきりと現れている。

二流の人はほしいものが明確ではなく、自分がそれを手に入れる能力を持っているかどうかわかっていない。彼らは思考を研ぎ澄ますのではなく、酒を飲みながらテレビを見、漫然と過ごす。人生の計画を立てなければならないことは本人もよく知っているが、面倒なので避けたがるのだ。

一流の人は自分のビジョンを現実にする戦略を練るために知恵を絞る。

二流の人が休暇の計画を立てるために多くの時間を費やすのに対し、一流の人は人生の計画を立てるために多くの時間を費やす。

提案

自分の将来のビジョンを思い描き、それを実現するために時間をとろう。

一流の人は目標の達成に全力を尽くす

二流の人は、心の平和を追えば手に入ると思い込んでいる。

一流の人は、心の平和は追うと逃げていくことを知っている。

心の平和は、目標を達成するために全力を尽くしたときに得られるものだ。

ところが、二流の人は自分が全力を尽くしていないことを痛感しているので、心の平和が得られない。彼らはもっと努力しようとせず、その事実から目をそむけるために気晴らしをして自分をごまかす。

一流の人は人生で勝って満足を得るか、勝つために全力を尽くしたことに満足するか、どちらかである。いずれにしても、彼らは心の平和を得る。

提案

「心の平和を得ているか」という重要な問いを自分に投げかけ、正直に答えよう。

一流の人は安定が自分次第だと考える

安定を求める気持ちは、二流の人を悩ます心配の種である。

一流の人は、人生はすべて自分次第だということを知っている。この現実は二流の人にとっては不安材料だが、一流の人にとっては安心材料だ。

一流の人の特徴の1つは、現実を直視する勇気を持っていることだ。彼らは正確な現実認識にもとづいて行動計画を立てる。

二流の人は安定が確保できないと思うだけですくんでしまい、幻想を抱いて見せかけだけの安定を得ようとする。二流の人が一流の人に太刀打ちできないのも不思議ではない。

一流の人は安定が自分次第だと考えてモチベーションを高める。彼らは試練を乗り越え、たいてい戦いを好む。なぜなら、自分の勝利を確信しているからだ。しかも、その確信は勝利のたびに強くなる。

一流の人は、もしこの世になんらかの安定が存在するなら、それは自分の心の中にあることを知っている。彼らは暗闇の中でも前進を続ける。

何が起ころうと自分がそれに対処できると確信しないかぎり、いくらお金をたくさん持っていても、安定を得ることはできない。安定とは認識の問題にすぎず、一流の人はそれをよく知っている。

どんな事態が発生しようと、自分はそれに対処できると確信すれば、この世で唯一の安定を確保することができる。

ハリー・ブラウン（投資アドバイザー）

提案

人生で起こることに対処する自分の能力を評価しよう。もしその評価が低いなら、この分野に関するセルフトークを改善して自信を高めよう。「人生でどんなことが起ころうと、それに対処することができる」と1カ月間にわたって自分に言い聞かせれば、安定した気分にひたることができる。

第4章

情熱

ENTHUSIASM

二流の人は娯楽に情熱を注ぎ、
一流の人は仕事に情熱を燃やす

一流の人は「なぜ」にこだわる

一流の人は、ビジョンを実現するためには、「どうやって」ではなく「なぜ」にこだわる必要があると考える。

どうやって目標を達成するかは誰かが知っているから、その人に教えてもらえばいい。

本当に大切なのは、自分がなぜその目標を達成したいのかということだ。その欲求の強さが、夢を追い求める原動力になる。

たとえば、自宅が火事で燃えているとき、命をかけてまで家財道具を持ち出そうとする人がいるだろうか。しかし、もしわが子が中に閉じ込められているなら、命をかけてでも救い出そうとするはずだ。要するに、それだけの理由があるなら、人はみな目標を達成するためになんでもするということである。

一流の人はそれを知っているから、「なぜ」にこだわる。

二流の人は「どうやって」にこだわり、夢や目標を実現する方法を知らないという理由であきらめる。

一流の人は目標を達成する理由を思い起こして、情熱をかき立てる。

彼らはモチベーションを高めるカギが情熱にあることを知っているから、目標を決めるときに自分はなぜその目標を達成したいのかを明確にする。

いったんそれができれば、ビジョンの実現は時間の問題だ。

情熱にあふれて夢を追い求めている人にとって、障害や逆境は取るに足らない。あきらめることはもはや選択肢にはないから、必ず大きな功績をあげることができる。

「なぜ」にこだわり、モチベーションを高めると、驚異的な力が発揮される。そのために時間を投資するのは一流の人だけである。

勇気と粘り強さを必要とする課題を見つけ、魂を清らかにしてエネルギーを充満させよう。

トーマス・ドライアー（アメリカの作家）

提案

「なぜその夢や目標を追い求めるのか」と自問し、ビジョンを実現したい理由について考えてみよう。

一流の人は目標の達成に全力を傾ける

二流の人がうまくいっているときだけひたむきになるのに対し、一流の人はどんなときでも常にひたむきである。

彼らはいっさい手抜きをせず、常に素晴らしい仕事をするために全力を尽くす。ひたむきさは、一流の人だけが持っている資質である。それが彼らの人生の成功と充実感の土台になっている。

二流の人がすぐに娯楽に興じたがるのに対し、一流の人は自己啓発の本やセミナーに投資して自分を磨く。

多くの人は学校を卒業してから1冊も本を読まない。

二流の人が「高校か大学を卒業したら教育は終わる」と考える傾向があるのに対し、一流の人は学校教育の意義を認めつつも、「本当の教育は学校を出てから始まる」と考える。

彼らの原動力は、目標の達成に対するひたむきさだ。二流の人が娯楽に情熱を注いでいるあいだ、一流の人は仕事に情熱を燃やして目標の達成に全力を傾ける。

皮肉なことに、一流の人は大きな功績をあげて結果的に多くの快楽を得る。充実感という名の精神的な快楽だ。

これは一流の人だけが得ることのできる恩恵である。

人生で成功するためには、途中で苦しむことを覚悟しなければならない。逆境のときに苦しむ覚悟ができていないなら、どうやって成功するというのだろうか。

ゲーリー・プレーヤー（南アフリカのプロゴルファー）

提案

ビジョンを実現するために、どれだけ苦しむ覚悟があるかを検証しよう。「少し」「ある程度」「かなり」「どんなことがあっても」のどれだろうか。

一流の人は使命感に燃える

二流の人が主にお金やモノといった外的なモチベーションで動くのに対し、一流の人は夢や情熱といった内的なモチベーションで動く。

外的なモチベーションは短期で途絶えるが、内的なモチベーションは目標を達成するまで長続きする。

たしかに他人に叱咤激励してもらうと一時的にやる気が出るかもしれないが、残念ながら内的なモチベーションのような持続力がない。

一流の人は、夢と情熱を持って使命感に燃えることが自分をやる気にさせる条件だと考えている。これが彼らの常に高いモチベーションの秘訣である。

一方、二流の人は使命感に乏しいので、苦しくなったらすぐにあきらめる。

提案

次の3つの問いを自分に投げかけよう。①「自分の使命は何か」、②「命をかけてもいいと思えるほど大切なものは何か」、③「苦しくてもやり遂げたいと思うものは何か」。

一流の人は自ら勢いを生み出す

二流の人は勢いの大切さをよく理解していない。一流の人は勢いを生み出し、それを長く持続させれば、大きな成果につながることを知っている。

ここで言う勢いとは、仕事に大きな情熱をわき上がらせる精神状態をさす。一流の人は勢いを活用し、自信にあふれた雰囲気を醸し出して周囲の人に自分の信念を伝える。たとえば一流の営業マンがそうだ。顧客や見込み客は一流の営業マンと接すると、その強い信念に魅了される。

二流の人が調子のいいときだけ勢いを生み出すのに対し、一流の人はいかなるときでも勢いを生み出すことができる。しかも、二流の人が勢いを維持できずにたちまち失速するのに対し、一流の人は勢いをさらに加速させて大きな成果をあげる。

提案

「私は大きな勢いを生み出すことができる」と自分に何度も言い聞かせ、勢いを持って目標に取り組もう。

一流の人は純粋な楽しさを追求する

どの職種に就くかは重要ではない。たいていの場合、選択の基準は、働いていて楽しいかどうかだ。

一流の人は「純粋な楽しさ」を職業選択の基準にする傾向がある。

二流の人は「一流の人は成功しているから、仕事を楽しむことができる」と思い込んでいるが、実際はその逆である。一流の人は仕事を楽しんでいるから、成功することができるのだ。言い換えると、仕事が楽しくて仕方ないから、それに打ち込んで周囲の人をはるかにしのぐ功績をあげるのである。

昨今の大学生は、手堅いという理由で経済かコンピュータを、儲かるという理由で医学か法律を専攻するようにアドバイスされることが多い。しかし、そのために大した成果をあげることができない。

本当に重要なのは、自分が心から楽しいと感じることを勉強し、それを究めるために全力を傾けることだ。
一流の人は楽しみながら大いに学び、大いに働くので、やがてその分野の第一人者になり、結果としてたいてい裕福になる。
一流の人は、仕事を楽しむことを哲学にしているだけではない。彼らはそれを最大の財産とみなしているのだ。

私に言わせれば、好きでもないことをして生計を立てるより、大好きなことをして失敗するほうがずっといい。

ジョージ・バーンズ（アメリカの俳優）

提案

自分がどのくらい仕事を楽しんでいるかを検証しよう。それほど楽しんでいないなら、能力を存分に発揮できるかどうかはおぼつかない。しかし、大いに楽しみながら仕事をしているなら、やがて一流のレベルに達することができる。

一流の人は仕事を大いに楽しむ

一流の人が成功を収める秘密の1つは、仕事を大いに楽しんでいることだ。はた目には成果をあげるために躍起になっているように見えるが、よく観察すると、楽しみながら仕事をしていることがわかる。

一流の人は時間をかけて自分の才能を見極め、情熱を感じる仕事を選択する。二流の人が一流の人にかなわないのは、仕事を心の中で嫌っているからだ。

二流の人が仕事をしなければならないから働くのに対し、一流の人は仕事が楽しくて仕方ないから働く。

二流の人が1日中のろのろと働くのに対し、一流の人は1日中てきぱきと働く。

両者の勝負は最初からついている。仕事を嫌っている人が、仕事を楽しんでいる人に勝てるわけがない。

二流の人は生き残るのに精一杯だ。

一流の人は常により大きな成功をめざしている。彼らはゲーム感覚で仕事に打ち込んでいるのだ。もちろん自分を厳しく律しているが、いつも純粋な気持ちで仕事を楽しみ、たえずワクワクしているから、何があっても最後までやり遂げるという不屈の精神を発揮することができる。

自信があれば、大いに楽しむことができる。大いに楽しむことができれば、驚異的な成果をあげることができる。

ジョー・ネイマス（殿堂入りを果たしたプロフットボール選手）

提案

自分がどれだけ楽しみながら働いているかを考えよう。いやな仕事をして過ごすには人生はあまりにも短い。楽しくない仕事から逃れることが可能なら、その仕事にしがみつく必要はない。

一流の人は戦う理由を知っている

一流の人の証明の1つは、自分がなんのために戦っているかを知っていることだ。彼らはビジョンを実現するために全力を尽くす。

二流の人が自分の能力に期待せず、大きな夢を抱こうとしないのに対し、一流の人は命をかけてでもやりたいことを知っている。

二流の人はモチベーションが高まるのを待つ。

一流の人は自発的にモチベーションを高める。彼らはふだんからモチベーションを高めるすべを心得ている。

状況が厳しくなると、二流の人は目標の達成を断念するが、一流の人はそこから本格的な戦いを開始し、能力を存分に発揮する。

苦しみが始まったとき、二流の人は「なぜこんなに苦しまなければならないのか」と疑問に思い、答えを見つけられずに敗退する。

一流の人は同じ問いを自分に投げかけて、「ビジョンを実現するためだ」と答える。全力を傾けて戦うだけの理由があれば、モチベーションは飛躍的に高まる。

これが一流の人と二流の人の決定的な違いだ。

最初のうちは小さな違いかもしれないが、苦しみが増すにつれて両者の差はどんどん拡大し、やがて明暗が分かれる。

一流の人と二流の人が対戦すると圧倒的な差がつく。その様子は、まるでプロとアマの対戦のようだ。

提案

ビジョンを実現したいと思う理由を10個リストアップし、毎日、それをじっくり検証しよう。状況が厳しくなったとき、この作業はとくに重要性を増す。

一流の人は情熱にあふれている

一流の人は成功の秘訣を知っている。それは、自分のしていることに情熱を持つことだ。彼らは魂を燃え上がらせる情熱に駆り立てられる。

二流の人がリスクをとらずに観客席で傍観しているのに対し、一流の人はリスクをとって人生の主役として果敢に挑戦する。

二流の人が苦しみをできるだけ避けて無難に生きようとするのに対し、一流の人は能力を存分に発揮して情熱的に生きることを決意している。

提案

最も情熱を感じる活動を5つリストアップし、「そのために魂を燃え上がらせているか」と自問してみよう。

一流の人は大切なことを先延ばしにしない

二流の人は何かをしようと思ってはいるが、最適な時期についていつも迷っている。モチベーションが高まるのをじっと待つばかりだ。

一流の人は自分の感情に関係なく、行動を起こすのに最適な日は今日だと考える。常に切迫感を持ち、大切なことを明日まで先延ばしにしてはいけないと思っているからだ。

二流の人は夢を実現するだけの知能と才能を持っているのだが、行動を起こすのを待ちすぎるきらいがあり、成功の秘訣を学んだころには人生は終わりに近づいている。

一流の人は残された時間をたえず意識しているので、迅速に判断して行動を起こす。

この違いが、夢をかなえて充実した人生を送るか、後悔しながら余生を送るかの差となって現れる。

提案

今日、たとえ気分が乗らなくても、大切なことに取りかかる決意をし、それを1カ月間続けよう。習慣は最初のうちは貧弱でも、継続しているうちに盤石な土台となる。

一流の人は常に切迫感を持っている

二流の人は1日、1週間、1カ月、1年、一生の時間がまるで無限であるかのように考え、日々を漫然と生きている。

一流の人は常に切迫感を持ち、時間を大切にして生きている。なぜなら、自分にとっては、今この瞬間しかないことをたえず意識しているからだ。彼らはなんとしてでも夢や目標を実現するという使命感に燃えているので、残された時間を空費してはいけないと考えている。

二流の人が切迫感を持つのは、1日や1週間の終わりに近づいたときか休暇に入る前にほぼ限定される。もし彼らが常に切迫感を持って仕事に取り組んだなら、社会全体の生産性は大きく向上するに違いない。

一流の人は「人生は短いから今がチャンスだ」とたえず自分に言い聞かせている。

ところが、二流の人はそういう考え方を疑問視する。時間が永遠にあるかのような幻想を抱いて生きているからだ。

一流の人は残された時間がかぎられているという現実を直視し、モチベーションをかき立てる。彼らが壮大なビジョンを掲げる理由の1つがこれである。残された時間を最大限に活用して世の中に足跡を残そうとしているのだ。
あなたは何かをするために切迫感を持っているだろうか。
もしその答えを知っているなら、すぐに行動を起こそう。
しかし、もしその答えを知らないなら、自分の魂の中に燃えている炎を見つけよう。
それが見つかれば、ためらうことなくすぐに全力を傾けるべきだ。

人生には持ち時間の制約があるということに気づいて初めて時間の重要性を理解する人があまりにも多い。すべての人の最大の財産は、世の中に足跡を残すために与えられたわずかな年月である。

P・W・リッチフィールド（アメリカの実業家）

提案

切迫感を持つために、今すぐに簡単な計算をしよう。自分の現在の年齢と男女いずれかの平均年齢を比較し、残っている日数を割り出すのだ。その日数を書いた紙を目の前に置き、「時間が刻々と過ぎ去っているから、一瞬たりとも無駄にする時間はない」とたえず自分に言い聞かせよう。

一流の人は現状に甘んじない

二流の人が「大きな期待を抱かなければ、落胆せずにすむ」と考えるのに対し、一流の人は「リスクをとって全力を尽くさなければ、落胆するはめになる」と考える。

これは両者の哲学が正反対である典型的な例だ。

二流の人は現状維持を選んで安全策をとる。

一流の人は現状に甘んじず、健全な不満をバネにし、リスクをとって果敢に挑戦する。

現状に甘んじている人は、私に言わせれば人生の落伍者である。

トーマス・エジソン（アメリカの発明家）

提案

人生のどの分野にも満足しているなら、その理由を考えよう。充実感を得て本当に満足しているのか、もっとできるとは思えないから現状に甘んじているだけか。

一流の人は仕事と家庭の両方を愛する

二流の人は月曜になるとうんざりし、水曜になるとホッとし、金曜になるとうれしくなる。彼らは週末を楽しむために生きている。

一方、一流の人はどの曜日も大いに楽しむ。

一流の人は今この瞬間を最大限に活用し、自分が求める仕事と家庭を創造するために情熱を燃やす。それが彼らの成功の秘密の1つだ。

一流の人は人生のビジョンを追求する。たとえ無報酬でもしたくなる仕事を発見すると、彼らは自己実現をめざす。すなわち、なれる最高の自分になるために全力を傾けるのだ。

一流の人は仕事と家庭の両方を愛しているので、自己実現のために大いに働き、家族と大いに遊ぶ。彼らはいつも大好きな活動をしているので、常に充実感にあふれた人生を送る。

提案

週末の趣味だけを楽しみにするのではなく、どの曜日も楽しめる工夫をしよう。

第5章

成長

GROWTH

二流の人は逆境を苦にして敗退し、
一流の人は逆境を糧にして躍進する

一流の人は障害を飛躍への踏み台にする

二流の人が障害をピンチとみなして後ずさりするのに対し、一流の人は障害をチャンスとみなして前進を続ける。

一流の人は、ビジョンを実現するだけの精神力を養うためには、奮起して苦しみと戦いながら障害を乗り越えなければならないことを知っている。

二流の人はなるべく障害を避けて通ろうとし、できるだけ安易な抜け道を探し求める。

一流の人は果敢に道を切り開く。障害を乗り越えて人格をどこまで磨けるかが成功の真の目安であり、それによってさらに大きな成果があがると確信している。障害を取り除いてしまえば、成長の機会を失うことになる。彼らは障害を次々と乗り越えながら精神力を鍛えて偉大になる。

一流の人は障害を乗り越えるのが得意である。なぜなら、今までずっとそうしてきたので強靭な精神力が備わっているからだ。

二流の人は障害から逃げるために及び腰になって生きている。だから精神力を鍛えて一流のレベルに達することができない。彼らの意識の中には、失敗に対する恐怖が重くのしかかっている。

一流の人も時には恐怖を抱くが、新しい障害に遭遇するたびに勇気を振り絞る。彼らはそうやって真の勇者になる。

弱き者の行く手を阻む大きな岩も、強き者にとっては飛躍への踏み台となる。

トーマス・カーライル（イギリスの批評家、歴史家）

提案

まず、自分が直面している最大の障害を3つリストアップしよう。次に、それを乗り越えるときに起こりうる事態を想像しよう。最悪のシナリオに耐えることができるなら、その障害と全面的に戦おう。もし成功すれば、大きな自信になる。たとえ失敗しても、いつか再び挑戦すればいい。

一流の人は学び続ける

一流の人が次々と成功を収めるのは、まだもっと上のレベルがあることを常に意識しているからだ。

二流の人が「幸せの秘訣は現状に満足することだ」と考えているのに対し、一流の人は「学習と成長こそが幸せの秘訣だ」と考えている。彼らは学校を出てからも学び続ける。学べば学ぶほど、知らないことが多いと痛感するからだ。

一流の人は「成長しなければ衰退する」という哲学で生きている。何事に対しても子どものような好奇心を抱き、ほかの一流の人たちに質問する。こうして成長を続けることで、ますます成功し、幸せで充実した人生を送る。

提案

「自分は成長しているか、衰退しつつあるか」と自問しよう。もしその答えが後者なら、もっと学習して成長する決意をしよう。

一流の人は観察力を養う

二流の人が現状に甘んじるのに対し、一流の人は現状を打開するための新しいアイデアをたえず探し求める。彼らは何をするにも、より便利で、より速く、よりよい方法があると確信し、創造性を発揮してその発見に努める。創造性を発揮する方法の1つは、さまざまなことに興味を抱いて観察力を養うことだ。

一流の人は、自分と無関係な分野での発見が問題の解決に役立つことを知っている。彼らが新しい発見をするのは日ごろ観察力を養っているからで、二流の人より賢いからではない。

二流の人はテレビの娯楽番組を見てばかりで頭をあまり使っていない。

一流の人は観察力を駆使してたえず新しい発見をし、思いついたアイデアを問題解決に生かす。

提案

ふだん自分がどのくらい観察力を養っているかを検証しよう。

一流の人はシンプルに考える

一流の人は、人生の基本的な事柄はすべて幼稚園で学んだと考えている。彼らの認識は、成功とは単純明快で、常識的な判断力にもとづいているというものだ。

二流の人は問題に直面すると複雑な答えを探し求め、頭を混乱させる。

一流の人は単純明快な解決策を探し、たいていそれを見つける。彼らは冷静に状況を判断し、複雑な問題をすんなり解決する達人である。

二流の人が解決策を思いつくために苦労するのに対し、一流の人は少し離れたところから問題を眺めて全体像を把握する。たいてい入浴中や就寝中、運動中に答えが思い浮かぶ。彼らはシンプルに考えることが問題解決の秘訣だと心得ている。

提案

差し迫った問題を5つ書き、「複雑に見える問題に対して子どもでもわかる答えは何か」と自問しよう。できるだけシンプルに考えて、思い浮かんだ答えを紙に書いてみよう。

一流の人は未来志向である

二流の人が過去を振り返って生きるのに対し、一流の人は未来に向かって生きる。彼らは現在に焦点を合わせつつも、未来のビジョンを創造しながら構想を練る。この未来志向が、壮大なビジョンを描いて無限の可能性を追求する原動力となる。

二流の人が頻繁に過去を振り返って昔話をするのに対し、一流の人はひたすら前進することをめざす。もちろん過去を振り返ることもたまにあるが、未来を切り開くことにより大きな意識を向ける。

二流の人は過去にとらわれて自分の人生を限定する。

一流の人は未来志向で意のままに人生をつくり出す。

提案

「過去の間違いは豊かな未来を創造するための糧である」という英知を何度も繰り返して脳裏に焼きつけよう。このエクササイズは積極的に未来を切り開くのに役立つ。

一流の人は決断力に富む

二流の人が臆病で自分の判断に自信が持てないのに対し、一流の人はいつも決断力に富んでいる。プレッシャーがかかる状況ではとくにそうだ。

両者の違いは、勇気と自信の有無である。

どんなに優秀なリーダーでも、前例のない変化の中で自分の決断に確信を持てないことがある。しかし、彼らはすすんで決断をくだし、その結果に責任を持つ。

二流の人が間違いを恐れて決断を先延ばしにするのに対し、一流の人は間違いを犯したら軌道修正をすればいいと考えている。たしかに決断の過程で情報を収集することは重要だが、結果に責任を持つから過度に情報を収集する必要がない。

優秀なリーダーの条件は、すべての決断が賭けであることを理解し、的確な決断を素早くくだす能力を持っていることだ。

一流の人は恐怖を乗り越えて決断をくだす自信を持っているので、プレッシャーがかかる状況でも人々をしっかりと導くことができる。

地位が高ければ高いほど、リーダーは自信を持たなければならない。優秀なリーダーに不可欠な資質は、勇気と自信、それに自分の決断の結果に責任を持つ姿勢である。

優秀なリーダーの条件をひと言で要約するなら、決断力だと私は思う。いくら最高のコンピュータを駆使してデータを集めたところで、結局、人間が決断をくだして行動しなければならないからだ。

リー・アイアコッカ（アメリカの経営者、元クライスラー会長）

提案

先延ばしにしてきた決断を24時間以内にくだそう。決断力は筋力のようなもので、鍛えれば鍛えるほど強くなる。

一流の人はアイデアが成功を生むことを知っている

いいアイデアはビジネスの最大の財産だ。

それは世の中をよくする力を持っている。

二流の人がアイデアの意義を過小評価しているのに対し、一流の人は問題解決のアイデアがお金を生み出すことを知っている。しかも、解決できる問題が大きければ大きいほど報酬も大きい。

二流の人もアイデアをたくさん思いつくのだが、いかんせん自信がないので、それを検証して実行に移す前に断念してしまう。

一流の人はたえず問題の解決策を探し求め、思いついたアイデアを大切に保管する。状況が厳しくなると、二流の人はすぐに弱音を吐いて思考停止におちいるが、一流の人は知恵を絞って突破口を開く。

経済的に苦しくなると、二流の人は金融機関に頼って借金をしようとするが、一流の人は自分の頭脳に頼ってお金を生み出すアイデアを思いつく。

二流の人はせっかくいいアイデアを思いついても、「つまらない」と決めつけて、あっさり忘れる。

一流の人は自分のアイデアに価値があると思うと、すぐに可能性を検証して実行に移す。彼らはそうやって価値を創造し成功を収める。

私を有名にしたアイデアは、じつは私のオリジナルではない。ソクラテスやキリスト、チェスターフィールドらからアイデアを拝借して１冊の本にまとめただけである。

デール・カーネギー（アメリカの著述家）

提案

自分のアイデアを無価値だと決めつけてはいけない。アイデアを思いついたら、それを試してみよう。

一流の人はより大きな問題を解決する

一流の人の目標は、現在の問題をいち早く解決し、より大きな問題の解決に着手することだ。彼らは世の中の問題を次々と解決することが自分の存在意義だと考えている。

二流の人は、問題を解決することよりも上司の機嫌をうかがうことに膨大な時間と労力を費やしている。自分の存在意義を認めてもらって承認欲求を満たすことばかり考えているからだ。

一流の人と二流の人の大きな違いの1つは、報酬に対する考え方である。

二流の人が「こんなに頑張って働いているのに給料が少ない」とよく愚痴をこぼすのに対し、一流の人はより大きな問題を解決すれば、それに見合う報酬が得られることを知っている。彼らはより多くの報酬を要求するのではなく、より大きな問題を解決することに尽力し、結果としてより多くの報酬を得る。

提案

より多くの報酬を得たいなら、より大きな問題を解決することに意識を向けよう。

一流の人は勝つ環境をつくる

二流の人は自分に対する深い失望感のために落ち込んで自滅する傾向がある。

一流の人はたえず学んで成長する環境をつくり、障害を乗り越えることに大きな喜びを見いだす。

二流の人は自分を環境の被害者とみなし、失敗を周囲の人のせいにする。

一流の人は自分に影響を与えた人たちの努力と誠意を認めたうえで、自分にふさわしい勝つ環境をつくる。

提案

自分を取り巻く環境を変える決意をしよう。まず、ふだんの人間関係を見直す必要がある。自分に悪影響をおよぼす人たちとの交際を極力控えて、自分にとってプラスになる人たちと付き合うことが重要だ。

一流の人は複雑なことを単純化する

二流の人は、複雑な響きのするアイデアほど素晴らしいと思い込んでいる。

一流の人はそれと正反対の考え方をする。どんなに複雑なアイデアや哲学、システムでも、シンプルなコンセプトに要約できることを知っているからだ。


アインシュタインの相対性理論は20世紀最大の発見の1つとされ、科学者たちですらその理論が複雑で難解だと考えている。

ところが、当の本人はそんなふうに思っていなかったようだ。ある日、彼は自分の理論を身近な人にこう説明したという。

「かわいい女の子と一緒に過ごしていると、時間がすぐに過ぎるよね。でも嫌いな人と一緒に過ごしていると、時間がなかなか過ぎない。これが相対性理論の基本だよ」


二流の人は、複雑なことほど価値があると考えるので、頭の中が混乱してしまう。

一流の人は思考、哲学、習慣を常にシンプルにしようと努める。それによって物事の道理がはっきり見えてくることを知っているからだ。

天才とは、複雑な事柄をシンプルに表現する能力のことである。

C・W・ツェーラム（ドイツの考古学者）

提案

小学生でもわかるように自分の考えをシンプルに表現する工夫をしよう。この習慣によってアイデアがますます明確になる。

一流の人は成功の本質を見誤らない

二流の人にとって、成功はお金と所有物を意味する。

一流の人にとって、お金と所有物は成功の目的ではなく、成功の副産物にすぎない。彼らは成功が単純なコンセプトであることを知っている。すなわち、仕事に全力を尽くし、家族と一緒に人生を楽しむことだ。たったそれだけのことである。「ほかに何があるのか」と彼らは言う。

二流の人は広告会社の巧みなマーケティング戦略にひっかかり、成功に対して偏った見方をしがちである。広告会社は大衆心理をあおるために「成功とは、大金を稼いで豪邸に暮らし、高級車に乗り、上等の服を着て、高価な装飾品を所有することだ」と世間に吹聴し、依頼主の企業から莫大な報酬を得ている。

一流の人はそんな広告戦略にひっかからず、成功の本質をけっして見誤らない。彼らは自分の大好きな分野を選び、計画を立て、ビジョンを創造し、その実現のためにひたむきに努力する。

一流の人にとって、成功とはビジョンの実現のために努力することだ。目標を達成すれば、彼らはそれを祝うが、本当の成功とはお金や所有物を得ることではなく、目標に向かって邁進することだと理解している。

提案

成功に関する信念を検証するために、次の3つの問いを自分に投げかけよう。①「自分にとって成功とは何か」、②「それは一流の人の信念か二流の人の信念か」、③「その信念はふだんの生活と幸せにどんな影響を与えているか」。

一流の人はメンターの知恵を借りる

二流の人は情報、知識、知恵を自分の経験から得ることで満足している。

一流の人はそうではない。彼らはあくせく働くのではなく利口に働く。そこで、そのプロセスを飛躍的に加速するのを手伝ってくれるメンターを選んで、その人から成功の秘訣を学び取る。

メンターとは、仕事や人生で尊敬し信頼できる人のことだ。

一流の人はメンターを集めてチームをつくる。それは企業レベルでは役員会、個人レベルではメンターチームと呼ばれる。

メンターチームは、その人がより大きく考え、よりスムーズに成長を遂げるように助言し、指導し、激励するグループだ。必要な分野の専門知識を伝授したり、人脈づくりを手伝ったりすることもある。

メンターの主な役割は、相手の意識と期待のレベルを高めることだ。メンターは一流の人の成功を大きく後押しする。メンターチームを持つことの利点は、成長を加速してくれることだ。

二流の人は孤軍奮闘しているために遅い速度でしか成長できない。一流の人はメンターチームのおかげで急成長を遂げることができる。

究極の情報源は他人の頭脳の中にある。だから知恵を貸してくれるように周囲の人に頼むことが重要だ。

ウォルター・ヘイリー（アメリカの実業家）

提案

自分が知っている5人の成功者をリストアップし、その人たちに教えを乞い、思考、哲学、習慣を徹底的に真似てみよう。

一流の人は孤独を求める

二流の人は休養と回復をあまり気にかける必要がない。ふだんそれほど猛烈に働いていないからだ。彼らはオフのときに年間1669時間もテレビを見て過ごしている。その目的は疲労回復というより現実逃避に近い。

一流の人は、常にベストの状態を維持するために、疲労回復をはかることの重要性を認識している。彼らのあいだで最もよく使われている方法の1つは、1人きりになることだ。仕事から離れて時おり1人で静かに過ごすことで、いつも大きな負担をかけている脳に休養を与えることができるからである。

大きな成果をあげようとすると、二流の人は長時間労働が必要だと考えがちだが、一流の人は創造性を発揮して労働時間の質を高めるよう努める。「より利口に働く」という彼らの姿勢は、21世紀の働き方にぴったり合致する。

世界で最も高収入を得ている人の多くは、創造性を発揮して人々の暮らしを便利で快適にする製品やサービスを提供する。この創造的活動は莫大な知的エネルギーを必要とするために、酷使した脳を休ませて回復させなければならない。
一流の人の多くは1人きりになるために定期的に時間を投資する。心と体と魂に休養を与えることの意義を理解している証しである。

何日も一生懸命に働いたあとでゆっくりくつろぐと、心身の機能が目覚ましく回復する。これは時間の空費ではない。なぜなら、まる1日、完全に休養することで充電が完了し、リフレッシュして仕事に復帰できるからだ。

グレンビル・クライサー（アメリカの作家）

提案　**時おり1人で静かに過ごす時間を確保しよう。それを習慣にすれば、驚異的な効果を得ることができる。**

第6章

規律

DISCIPLINE

二流の人は一時的な快楽を優先し、
一流の人は永続的な成功をめざす

一流の人は常に自分を律する

二流の人が「今日はこれぐらいにしよう」と思うとき、一流の人は「まだ始まったばかりだ」と考える。

一流の人に共通する最大の特徴の1つは、規律を重んじることだ。実際、規律の有無が一流の人と二流の人を分ける。

規律とは、どんな状況でも常に自分を律することだ。そうすることで自信がつき、自尊心が高まる。そしてその自信と自尊心が、「その気になれば、なんでもできる」という信念につながる。これは一流の人の習慣になり、習慣を通じて信念が現実になる。

一流の人は気分が乗らないときでも物事をやり抜く決意をしている。彼らは感情に左右されず、常にモチベーションを維持するすべを心得ている。

一流の人と二流の人とでは、規律に対する考え方が正反対である。二流の人は規律を精神的負担とみなし、できるだけ避けようとする。

一流の人は規律を成功の原動力とみなし、いかなるときでも自分を律することを心がけている。

自分を律すれば、何でもできる。規律は成功のカギである。なぜなら、それは日々の過ごし方を決定するからだ。どんな状況でも自分を律することは、目標に意識を集中して一流のレベルで仕事をするのに不可欠である。

ロジャー・グレアム（アメリカの実業家、アウクシリウム・ファーマ上級副社長）

提案

ふだんの生活の中で、どれだけ自分を律しているかを検証しよう。仕事、家庭、交友関係、お金、娯楽、健康、運動、食事、信仰、能力開発など、分野は多岐にわたる。

一流の人は批判に動じない

一流の人と二流の人を識別する最も手っ取り早い方法は、批判されたときにどう反応するかを観察することだ。

二流の人は批判されるとショックを受け、深く傷ついて落ち込む。彼らの特徴はプレッシャーに弱いことだ。

一流の人は批判されることを想定しているから動じない。彼らは成功を収めると、人々にやっかまれて攻撃されることを知っている。だから、そういう非建設的な批判を気に留めず、目標の達成に専念する。

ちなみに、一流の人はめったに他人を批判しない。自分の仕事に打ち込んでいるから、他人の動向が気にならないのだ。

一流の人は二流の人からの批判に驚かない。それは二流の人の平凡な人生観を映し出しているにすぎないと見抜いているからだ。

二流の人は一流の人の旺盛な行動力を目の当たりにして自分のふがいなさを認識させられ、反感を抱いて批判したくなるのだ。

一方、一流の人は二流の人からのそんな批判を無視して仕事に励む。


誰かに批判されたからといって、いちいち気にしているようでは功績をあげることはできない。それは精神的な弱さの証しである。

ジョン・ウッデン（殿堂入りを果たした大学バスケットボールの監督）

提案

他人に批判されたときに動じてはいけない。他人に何を言われても、自分のビジョンを追求しよう。また、あなた自身も他人を批判したり中傷したりしないように気をつける必要がある。

一流の人は仕事と休養のバランスをとる

二流の人は仕事と休養のバランスを十分に理解していない。

ロボットなら仕事と休養のバランスをとる必要はないが、人間はロボットではない。私たちは主に感情によって動く生き物であり、気分によって仕事ぶりが左右されやすい。たいていの場合、二流の人は仕事と休養のバランスをとらなければならないほど仕事に励んでいるわけではない。しかし、一流の人にとって、そのバランスは勝敗を決するくらい重要なことだ。

一流の人はいつ限界に挑戦し、いつ心身を休ませるべきかを知っているし、そういう訓練をしている。彼らの大敵は燃え尽きることであり、そういう事態におちいらないように仕事と休養のバランスをとることを心がけている。

提案

最大限の成果をあげるために、オンとオフの切り替えを心がけよう。

一流の人は定期的な運動を心がけている

二流の人は運動が若者のためのもので、仕事の成果とほとんど関係ないと考えている。しかし、多くの研究によると、それが間違いであることが証明されている。この10年間、優良企業がこぞって運動を奨励し、施設をつくるようになった。定期的な運動が健康の条件であり、従業員の健康管理が企業の業績に直結することに気づいたからだ。

一流の人は運動の重要性を理解し、毎日、少なくとも1時間はなんらかのかたちで体を動かして楽しんでいる。

二流の人は自分が運動するかわりに、好きなスポーツ選手が運動するのを見て漫然と過ごしている。この習慣は運動不足につながり、心身の健康に重大な悪影響をおよぼす。

二流の人は運動が面倒だと考えて「時間がない」と言い訳をする。

一流の人は運動が仕事の成果に不可欠だと考えて多忙なスケジュールに組み込んでいる。

提案

週に5日、1日1時間は運動しよう。忙しくても時間を見つけて日課にしたほうがいい。

一流の人は常に目標を念頭に置く

二流の人は年始に目標を設定し、翌年までそのままにする。

一流の人は次々と目標を設定し、その達成にこだわる。すべての功績の出発点が明確な目標から始まることを知っていて、毎日のように目標を振り返るのが、彼らの成功の秘訣の1つである。

明確な目標をきちんと紙に書いている人は、国民全体のわずか5％にすぎない。一流の人はその時点で二流の人より圧倒的優位に立っている。

二流の人は目標を忘れがちだ。

一流の人は毎日のように目標を潜在意識に刻み込む。彼らの心はまるで高性能ミサイルのようで、たえず軌道修正しながら目標にたどり着く。

提案

今年の10個の目標をリストアップし、毎朝それを潜在意識に刻み込もう。

一流の人は習慣を重視する

二流の人は、習慣とは断ち切るべきものだと考えている。たとえば喫煙や過食がそうだ。

一流の人は、習慣とは成功への道しるべだと考えている。だからたえず習慣を強化する。たとえば運動や摂生、早い出社がそうだ。

一流の人は習慣に秘められた大きな力に畏敬の念を抱いている。1日でも気をゆるめると堕落しかねないと考えているほどだ。彼らは習慣の力を人生の全分野で活用する。

二流の人は成功の土台となる習慣の力に気づいていない。

まず人間が習慣をつくり、次に習慣が人間をつくる。

ジョン・ドライデン（17世紀のイギリスの詩人）

提案

成功をもたらす習慣を5つリストアップし、その中で最も重要だと思う習慣を3週間続けよう。

一流の人は自分の決定に責任を持つ

二流の人は他人の意見と行動に頼る傾向がある。

一流の人は他人の意見と行動を参考にしつつも、最終的に自分で判断する。

二流の人は自分の決定に責任を持たず、何かにつけて他人のせいにする。たとえば、タバコを吸いすぎて病気になれば、タバコ会社を訴え、ハンバーガーを食べすぎて肥満になれば、ファストフードレストランを非難するのがそうだ。自分の決定に責任を持たず、被害者意識にとらわれている証しである。

一流の人は被害者意識を持たず、自分の決定に責任を持つ。彼らは誰かに幸せにしてもらおうと思わない。幸せは他人に与えてもらうものではなく、自らそうなるものだと理解しているからだ。

提案

自分の人生の中で他人に依存している分野を見極め、その分野の責任を持つことを決意しよう。この哲学を実践すれば、被害者意識にとらわれなくなる。

一流の人は交友関係に慎重を期す

一流の人はその他大勢と一線を画する。しかし、それは見栄やプライドからではない。付き合う相手の意識が伝染することを知っているから、交友関係に慎重を期しているのだ。

端的に言うと、一流の人は一流の人としか付き合わない。二流の人はそれを差別だと感じるようだが、一流の人はそれが成功に不可欠だと考えている。

一流の人は自分が友人や知人の平均値になることを知っている。だから自分と同等かそれ以上の人たちと付き合う。

一流の人はネガティブな人との付き合いが自分の不利益になることを知っている。画期的なアイデアがそういう人のために台無しになるのを懸念しているのだ。

一流の人はアイデアを実行に移すのを手伝ってくれるポジティブな人と付き合い、その成果を社会に還元する。

提案

他人の意識が伝染することを肝に銘じ、自分を成長させてくれる人と付き合おう。

一流の人はほんの少しの違いを大切にする

一流の人はライバルから抜きん出るためにほんの少しの違いを重視する。究極的に、それが成否を分けることを知っているからだ。

たとえば、アメリカ本土のどこへでも翌朝に荷物を届けるフェデックスや30分以内にピザを宅配するドミノ・ピザは、ほんの少しの違いを大切にして市場で大きなシェアを獲得している見本である。

二流の人はライバルより優位に立つことを願っているだけで、とくに何もしない。

一流の人はライバルより優位に立つ方法をなんとしてでも見つける。彼らはほんの少しの違いを大切にし、それを付加価値として提供することによって成功を収める。

提案

自分の付加価値を見つけよう。それは大きなことである必要はない。たとえ小さなことでも、しっかり実行すれば、やがて大きな差になる。

一流の人は体重管理の意義を理解している

一流の人は肥満が病気を招くことを熟知し、体重管理のために摂生と運動を心がける。この2つは自分の意思で完全にコントロールできる。だからもし食生活が乱れたり運動不足におちいったりすると、彼らはすぐに軌道修正をする。

大きな成功を収めて充実感を得る重要なステップの1つは、摂生に努めて体重をしっかり管理することだ。それによって得られる自信は、人生の全分野におよぶ。

何歳になっても常にスリムな体型を維持して健康を維持することの大切さは、いくら強調してもしすぎることはない。

提案

衣服をすべて脱いで全身を鏡に映し、「この体型はどんなレベルの意識を反映しているか」と自問しよう。体重管理ができているか、いないか、どちらだろうか。

第7章

意欲

DESIRE

二流の人は意欲が低いことの言い訳をし、
一流の人は意欲に燃えて目標を達成する

一流の人は挫折しても見事に復活を遂げる

かつて不動産王として名をはせたドナルド・トランプが投資の失敗で莫大な負債を抱えたとき、あなたは彼が永遠に終わったと思ったか。

一流の人は例外なく復活の達人である。「王者に賭ければ、必ず勝てる」という格言は真理だ。二流の人が挫折や敗北を経験するとすぐに失望し、すっかりやる気をなくすのに対し、一流の人は成功を収めるには挫折の連続に耐えなければならないことを知っている。彼らにとって、挫折は復活のためのお膳立てなのだ。

二流の人は一流の人が挫折するのを見ると、「もはやこれまで」と決めつける。一流の人の強靭な精神力を過小評価している証しである。

一流の人は誰からも期待されない状況で見事に復活を遂げる。彼らは目標を達成するまで絶対にあきらめない。自分が描いているビジョンに意識を集中し、どんな困難にも耐えて物事をやり遂げる。

一流の人は何度も失敗し、そのたびに復活してさらなる高みをめざす。それは「不屈の精神」と呼ぶこともできるし、「打たれ強さ」と表現することもできる。

私は高い山の頂上にまで登り詰める決意をした。いずれ中腹で立ち往生している私の姿を目撃するかもしれない。しかし、どんなときでも私は絶対にあきらめない。

エリック・ウォアー（アメリカの実業家）

提案

あきらめた夢を思い出して「再挑戦は可能か」と自問しよう。その夢をあきらめたときより精神的にも能力的にも成長しているはずだ。今なら復活を果たすことができる。

一流の人は自分を自営業者だと考える

サラリーマンの大半は会社のために働いていると思い込んでいる。

一流の人は自分のために働いていると考えている。実際、工場の作業員から大企業の経営者まで、働く人はみな、ある意味で「自営業者」なのだ。

二流の人が自分を組織の中の小さな歯車にすぎないと考える傾向があるのに対し、一流の人は自分を「プロの仕事人」とみなし、良質な労働力を会社に提供していると考える。

この考え方の違いが大きな差を生む。

二流の人は組織の奴隷のように感じている。

一流の人は組織から権限を与えられていると感じている。

自由市場経済のもとで働く人はみな、自分の労働力をどこの誰に提供するかを選択することができる。プロの仕事人であることの大きなメリットは、自分をどこにでも売り込めることだ。一流の人はそれをよく知っている。

どの企業もプロの仕事人を探し求めている。一流のレベルに達しているのは労働人口のわずか5%だから、彼らの市場価値はきわめて高い。

最近の研究によると、どの分野であれ、上位5%の人々はその他大勢にはない特別な心構えを身につけているという。誰から給料をもらうかに関係なく、自分をいつも自営業者とみなしているのだ。つまり、会社員の場合、自分が経営しているつもりで会社に対して責任を持っているのである。

ブライアン・トレーシー（アメリカの経営コンサルタント）

提案

自営業者としての心構えを身につけよう。どんな地位や役職に就いていても、良質な労働力を提供する「プロの仕事人」という自覚を持つことが重要だ。

一流の人はエネルギーにあふれている

一流の人の成功を後押しする力は、心と体と魂のエネルギーである。彼らは愛にあふれた意識で生きているので、無限と言ってもいいほど莫大なエネルギーを持っている。

一方、二流の人は恐怖におびえた意識で生きているので、たえずエネルギーを抜き取られている。

愛はエネルギーを生産し、恐怖はエネルギーを消耗させる。

二流の人がネガティブな思考のためにエネルギーを消耗しているのに対し、一流の人はポジティブな思考によってエネルギーを生産している。彼らは運命に愛されていると信じている。言い換えると、自分は勝つために生まれてきたと確信しているのだ。だから、どんなに事態が悪化しても、目に見えない力が助けてくれると考えている。その信念はやがて現実となり、心と体と魂のエネルギーをさらに増大させる。

二流の人は恐怖におびえた意識で生きているので、エネルギーを消耗して恐怖を増大させる。つまり、自分のネガティブな思考によって心と体と魂を疲弊させてしまうのだ。彼らは自分の意識を改革できるにもかかわらず、それをせずに自滅している。

要するに、エネルギーは思考によって生産することも消耗することもできるということだ。
一流の人はエネルギーを生産する思考を意識的に選ぶ。
二流の人はエネルギーを消耗する思考を無意識に選ぶ。

人間の本当の違いはエネルギーだ。強い意志、明確な目的、揺るぎない決意があれば、ほとんどなんでも成し遂げることができる。そして、それこそが偉大な人物と卑小な人物を分ける。

トーマス・フラー（イギリスの歴史家）

提案

自分の思考がエネルギーを生産しているか消耗しているかを確認しよう。エネルギーを生産する思考をし、それが心と体と魂に与える影響を検証しよう。

一流の人は勝つ決意をしている

単純化すると、勝敗を分ける唯一の要素は、たいていの場合、勝つ決意をしているかどうかである。

わずかな違いのように思うかもしれないが、それに至る思考の違いはきわめて大きい。

二流の人は勝利に必要な代償を値踏みして膨大な時間を費やす。彼らは「努力をしたら、それに見合う報酬が得られるだろうか」とたえず自問する。

一流の人は「勝つために必要なことはすべてする」という気持ちで取り組む。彼らは努力と報酬を天秤にかけない。ゲームが始まるずっと前に、どんなことがあっても勝つ決意をしているからだ。

この考え方の違いによって、一流の人は二流の人より圧倒的優位に立つことができる。

それが最も際立っているのが、苦しみが始まったときだ。

二流の人は苦しみを感じると、すぐに逃げ道を探す。

一流の人は苦しみを感じることをあらかじめ想定し、それを乗り越えて突き進む精神力を日ごろの鍛錬で培っている。

一流の人は強靭な精神力を持つ戦士である。心身両面の徹底した準備は、実戦で無類の強さを発揮する。

勝つことがすべてではない。勝つ決意をしていることがすべてなのだ。

ビンス・ロンバルディ（殿堂入りを果たしたプロフットボール監督）

提案

偉人伝を月に1冊ずつ読む習慣を身につけよう。一流の人が苦しみに耐えて勝つ決意をしていることを学ぶことができる。

一流の人は準備を怠らない

二流の人はろくに準備もせずに何かを始める傾向がある。出たとこ勝負で事に当たり、それを自慢する人すらいる。まるで子どもが勉強せずにぶっつけ本番で試験に臨むのを自慢するようなものだ。

一流の人は準備を怠らずに詳細な計画を立てる。彼らにとって、いきなり物事に取りかかるのは論外である。そのやり方がうまくいかないことを実証する人がたくさんいるのを見て知っているからだ。

二流の人はすぐに結果が出ないという理由で準備をすることに興味を示さない。
一流の人はすぐに結果が出なくても夢と目標に近づくために徹底的に準備をする。

提案

ビジョンに向かって邁進するために3カ月間の行動計画を立てよう。3カ月間は、勢いをつけるのに最適の長さだ。全米の優良企業の経営陣はそれを実践している。

一流の人は能力開発に励む

二流の人は能力開発の本やCDに関心を示さない。能力開発に取り組むのは、総人口の5％程度だ。この数字は一流の人の割合と一致する。

二流の人は能力開発に興味を示さない。その結果、彼らの多くは経済的に困窮状態におちいる。

一流の人はわき目もふらずに能力開発に励む。彼らは向上心が人一倍強く、なんとしてでも功績をあげたいという野心を抱いている。

能力開発とは、自分の中に秘められている潜在能力を引き出すことだ。人はみな人生を切り開くために必要な能力を持っている。それを発掘して活用することが、私たち一人ひとりに課せられた使命である。

提案

これからの1年間、1カ月に1冊の自己啓発書を読んで能力開発に取り組もう。

一流の人は生産性を最大化する

二流の人が仕事を労働時間の観点からとらえるのに対し、一流の人は仕事を生産性の観点からとらえる。

二流の人は1日の生産性より次の食事で何を食べるかに意識を向けている。たしかに彼らの体は働いているが、心は別のところにある。

一流の人は自分の大好きな仕事をしているから、生産性をもっとあげるにはどうすればいいかをたえず考えている。実際、あまりにも仕事熱心なので、疲れた心身に休息を与えて回復させなければならないほどだ。

以上のことを考えると、一流の人が社会全体の富の9割以上を独占しているのも不思議ではない。彼らの競争相手はほかの一流の人たちであり、彼ら全体で労働人口のわずか5%を占めるにとどまる。

二流の人は一流の人にとうてい太刀打ちできない。

当然だろう。中途半端な気持ちで働いている人が、生産性をあげるためにたえず努力している人と互角に戦えるはずがない。

だから二流の人はいつまでたっても二流のレベルから抜け出せないのだ。

ただし、誤解しないでほしい。二流の人は一流のレベルに達するだけの知能と才能を持ち合わせている。しかし残念ながら、一流のレベルに達しようという意欲がたいてい欠けているのだ。

一流の人はビジネスの世界で最も求められる人材だ。景気の良し悪しに関係なく、彼らは引く手あまたで、どんな組織でも歓迎されて昇進を果たす。なぜなら、常に生産性をあげて結果を出すことにこだわって働くからだ。

提案

自分の生産性を検証しよう。もし生産性を最大化していないなら、その実現のためにすべきことを3つリストアップしよう。このエクササイズはあなたの生産性を2倍から3倍に高める力を秘めている。

一流の人はリスクをとって新しいことに挑戦する

二流の人は変化に抵抗し、リスクを避けながら低速ギアで生きている。彼らは一流の人と同じ才能と機会に恵まれているのだが、（一時的な）敗北の苦痛を避けるために安全策をとりたがる。

一流の人は変化を歓迎し、リスクをとって新しいことに挑戦する。たとえ失敗しても、それを通過点とみなし、粘り強く成功にこぎつける。

一流の人はいつもワクワクしながら生きていて、けっして退屈しない。彼らは現状に甘んじることなく、常に挑戦を続ける。

これこそが成功を収め、それを持続させるために必要な姿勢である。

提案

現状に満足せず、たえず新しいことに挑戦しよう。

一流の人は卓越した実行力を持つ

二流の人は目標を設定して達成することを軽視する傾向がある。そもそも、達成すべき目標を設定するという姿勢が彼らにはない。たとえ目標を設定しても、それを達成するだけの実行力がない。

一流の人は目標を次々と設定して達成することに意欲を燃やす。彼らの実行力は半端ではない。一流の人は成功に向かって邁進するのが大好きなのだ。

提案

達成すべき目標を設定し、それを実行に移す習慣を身につけよう。

一流の人は人を惹きつける

二流の人は自分の働きぶりを分析するためにほとんど時間を費やさない。いったん仕事に必要な技術を身につけたら、もうそれ以上は不要だと考える。

一流の人は自分の働きぶりを常に分析し、その結果について熟考する。彼らが注意を払っていることの1つは、自分が周囲の人に発している波動である。それは人から人へと伝わる心身のエネルギーだ。「カリスマ性」と呼んでもいい。

波動の5つの構成要素は、エネルギー、情熱、自信、信念、明るさである。

波動が高ければ高いほど、大きな魅力となり、顧客や見込み客を惹きつけることができる。

提案

自分が発している波動のレベルに気をつけよう。

一流の人は組織の発展を常に考えている

二流の人は大企業の幹部が給料をもらいすぎていると不平を言う。二流の人は発想が貧困なのだ。彼らは役員報酬を就業時間数で割り算している。だから役員の給料が多すぎると思ってしまうのだ。

しかし、実際には役員報酬は少なすぎるぐらいである。なぜなら、彼らは起きているあいだ、たえず会社の成長と繁栄に必要なことを考えているからだ。

二流の人は就業時間が終わると帰宅してテレビを見ながら酒を飲んでくつろぐが、一流の人は就業時間が終わっても働いている。たとえオフィスにはいなくても、頭の中で常に考えているのだ。彼らは体力を使って稼いでいるのではなく、いつも頭を使って稼いでいる。

提案

自分が組織の発展にどのくらい貢献しているかを考えてみよう。

一流の人は自分の貢献度を高める

一流の人の多くは会社を立ち上げて成功を収めるが、勤務先の会社でプロの仕事人として活躍する人も少なくない。彼らは起業することに喜びを見いだすタイプではなく、組織の中で功績をあげて昇進することをめざす。

二流の人が次の休暇にどこへ行くかに関心を示すのに対し、一流の人は会社にどれだけ貢献できるかを考え、そのためにいつも努力する。こういう人は貴重な人材であり、当然、会社としても重用したくなる。

一部の人が裕福になるということは、ほかの人たちも裕福になれることを示している。勤勉に働く人にとって、この事実は大きな励みになるはずだ。

エイブラハム・リンカーン（アメリカ第16代大統領）

提案

組織で働いているなら、自分の貢献度を高めることを常に考えて行動しよう。

一流の人はリーダーの役割を理解している

二流の人は、リーダーとは自分を傷つける権力を持った人のことだと思い込んでいる。彼らは落ち度を指摘されたくないので、リーダーの目につかないように気をつけている。

二流の人がリーダーを単なる権力者とみなして敬遠するのに対し、一流の人はリーダーとは人々が敬意を持って従いたくなる人のことだと理解している。

一流の人はチームをまとめ、組織のビジョンを実現するために謙虚な姿勢で全力を尽くす。同時に、自分が人間として成長する機会を与えられたことに感謝する。

リーダーとは、人々が義務感からではなく喜んで従いたくなる人のことである。

ラリー・ウィルソン（アメリカの実業家）

提案

リーダーとは恐れられる人のことではなく慕われる人のことであり、人々のよい面を引き出して組織の発展につなげる存在だという認識を持とう。

第8章

学習

LEARNING

二流の人は失敗を恐れて行動せず、
一流の人は失敗を通じて学習する

一流の人は失敗を軌道修正の機会とみなす

一流の人と二流の人の違いの大半は、じつに微妙である。考え方のちょっとした違いが、大きな差となって現れるからだ。

失敗に対する考え方がその1つである。

二流の人は失敗を苦痛とみなし、自分のプライドを守るために失敗を避けるべきだと考える。だから、できるとわかっていることしかしようとしない。

一流の人は自分のプライドを守ることに興味がない。彼らにとって興味があるのは、学習し、成長し、進化することである。

一流の人は失敗を成功へのプロセスとみなし、失敗から教訓を学ぼうとする。彼らは言うなれば「失敗のプロフェッショナル」だ。

二流の人は失敗すると悲嘆に暮れ、失敗から何も学ぼうとしない。彼らは「失敗のアマチュア」だ。

一流の人は失敗を軌道修正の機会とみなす。それは快適な作業とはかぎらないが、彼らはビジョンの実現に必要な知恵を得るために不可欠だと考える。

二流の人は失敗を避けようとして膨大な時間を空費する。一流の人は失敗から教訓を学んで成功にたどり着けばいいと考える。

勇気と自信を失わない者が失敗して終わることはない。

オリソン・マーデン（アメリカの哲学者）

提案

「失敗を避けようとして安全策をとっていないか」と自問し、ビジョンを実現するためにどのくらいリスクをとっているかを検証しよう。

一流の人は既成概念にとらわれない

一流の人は新しいやり方を積極的に取り入れる。それが彼らの成功の一因である。

二流の人が新しい問題に直面しても古い方法に固執するのに対し、一流の人は古い問題を解決する新しい方法をたえず模索している。言い換えると、既成概念にとらわれずにイノベーションを起こすのだ。彼らは、より速く、より安く、よりよくできる方法がわかれば、すぐにやり方を変える。

二流の人が従来のやり方に固執するのは、未知なるものに恐怖を抱き、先入観に呪縛されているからだ。彼らは精神的に常に停滞状態にある。

一流の人は大きな成功を収めるために心を開き、常に新しいやり方を取り入れて発展を遂げる。

提案

誰かが新しいアイデアを提案したら、すぐに却下してはいけない。疑念を払いのけ、心を開いて積極的に検討しよう。

一流の人は無邪気な子どものような好奇心を持つ

一流の人は常に好奇心を抱き、なんらかのヒントを探し求める。好奇心の根底には、アイデアが成功につながるという信念がある。

二流の人が物事の表面しか見ないのに対し、一流の人は洞察力に富み、「なぜ?」「どうやって?」と自分に問いかけて深く掘り下げる。無邪気な子どものような好奇心を持ち、たえず何かを学ぼうとするのが、一流の人の特徴だ。実際、彼らはごく日常的な事柄ですら興味を抱いて探求する。

一流の人は、知れば知るほど知らないことが多いことを知る。専門分野についてですらそうで、いつも初心者のような気持ちで新しいアイデアを貪欲に学ぼうとする。

提案

友人や知人、同僚と接するときは、いろいろな質問をして詳しい説明を求めよう。周囲の人はアイデアの宝庫なのに、それを活用しない人が多いのは非常に残念なことだ。好奇心が予期せぬ解決策につながる可能性があることを心に銘記しよう。

一流の人は教わるのがうまい

アメリカの企業は、スポーツ選手がずっと前から知っていたことをようやく取り入れ始めた。すなわち、個人の潜在能力を最大限に引き出すためにはコーチを雇うと効果的だということだ。

人間は概して感情の生き物であり、一流のコーチは人々の心の中の炎を燃え上がらせることにたけている。ただし、どんなに小さくてもいいから、炎がすでにその人の心の中で燃えていなければならない。

二流の人がコーチの指導を限定的に受け入れるのに対し、一流の人は一流のコーチの指導を全面的に受け入れる。

偉大な人ほどコーチの指導に心を開く。なぜなら、自分の能力を伸ばすことに意欲的だからだ。彼らはそうやって厳しい競争社会を勝ち抜き、繁栄を手に入れる。

提案

一対一であれグループであれ、一流のコーチの指導を受けることを検討しよう。

一流の人は魅力的な会話の名人である

一流の人と二流の人の違いの1つは、会話の技術をどれだけ磨いているかである。一流の人はコミュニケーションの達人だ。

一流の人は成功が人脈の大きさに比例することを理解し、友人と知人のデータベースを神聖なものとして扱う。彼らは一人ひとりに丁寧に接し、どんなに離れていても定期的に連絡をとる。

一流の人は、たとえ資産をすべて失っても人脈をフルに活用して再出発をはかる。彼らは人脈の偉大な力に畏敬の念を抱いている。

人脈づくりは会話から始まる。一流の人は魅力的な会話の名人である。彼らは話題を相手に集中し、適切な質問をして答えに耳を傾ける。アイデアやコンセプトといったポジティブな部分に意識を集中し、第三者の評判を落とすような噂話をしない。

提案

会話の技術に磨きをかけよう。この技術はあなたを大きく成功に近づける。

一流の人は想像力を駆使する

二流の人が想像力を子どもの遊戯とみなすのに対し、一流の人は想像力を未来の予告編として活用する。彼らは心の中でシナリオを演じて未来を先取りするのが得意だ。

一流の人は問題の解決策を思いつく手段として想像力をかき立てる。そしてそのために、美しい自然にふれられる場所に行って英気を養うこともある。しかし残念ながら、二流の人はその意義に気づいていない。

二流の人は想像力を軽視する。

一流の人は想像力を駆使して世の中に衝撃を与える。

提案

毎日3分間、想像力を駆使して自分の理想の人生を思い描こう。この習慣は人生を永遠に変える力を秘めている。

一流の人はミスを資産とみなす

二流の人はミスを無価値なものとみなして忌み嫌う。大勢の従業員が叱責される恐怖のためにミスを隠すことの損失は、全米で年間数億ドルにのぼると推定されている。

一流の人はミスを異なる視点からとらえる。ミスを会社の「共有財産」とみなして記録し、将来的に同じミスを避けることができるように大切に扱うのだ。本当の損失はミスそのものではなく、それを報告し記録しないために同じミスを繰り返してしまうことである。

一流の人は部下のミスを叱責せずに歓迎する。組織が前進していることの証しとして受け止めるからだ。彼らはミスを全社的に共有することを奨励し、再発防止に努める。

提案

ミスの報告を部下に奨励し、自主的な報告には褒賞を与えよう。ミスを叱責する風土では誰かのミスを全社的に共有できなくなり、長い目で見ると、かえって損失が大きくなる。

一流の人はお手本になる人から学ぶ

一流の人が成功する要因の1つは、頂点をめざす旅を加速させるために他人の思考、哲学、習慣を真似ることである。人類の英知をすべて自分の経験で学べるほど長く生きられる人は1人もいない。一流の人はそれを知っているから、自分の分野でお手本になる人を選んで、その人からできるだけ多くのことを学ぼうと努力する。

一流の人と二流の人の最大の違いの1つは、謙虚なふるまいができるかどうかである。いかに寛容の精神の持ち主といえども、無礼で傲慢な人物を親身になって支援する気にはならない。一流の人は大きな自信を持っているが、それを言葉で表現するのは自分に語りかけるときだけである。彼らは常に謙虚にふるまうので、それが相手の心を動かして支援したいという気持ちにさせる。

提案

自分の分野でお手本になる人を選び、謙虚な姿勢で教えを乞おう。

一流の人は人前で話すのが得意である

世論調査によると、ほとんどの人は人前で話すことに大きな恐怖を感じるという。

一流の人は人前で話すことによって、人々を説得し影響を与える。彼らが人前で話すことによって人々を指導し支援を取りつけることができるのは、二流の人が人前で話すのを恐れるからにほかならない。つまり、総人口の95％は人前で話す勇気と才能に畏敬の念を抱くので、人前で上手に話せる人に感銘を受けて信頼を寄せるのだ。

一流の人はこの大衆心理を熟知しているから、人前で話す技術を磨くことに全力を傾ける。たとえ内気な性格でも、恐怖を乗り越えて人前で話せるように努力する。その技術を習得しなければ、一流のレベルに達しないことを知っているからだ。人前で話す技術を身につけると大きな自信につながり、どんなに大勢の前でも落ち着いて話せるようになる。

提案

日ごろから人前で話す練習をしよう。これはさまざまな場面で役に立つ。

一流の人は成功者の名言を心に刻む

二流の人は仕事に必要な知識を身につけているなら、学習を続ける必要はないと考える。

一流の人は多忙をきわめるので、効率的な学習法をたえず探し求めている。彼らのお気に入りの方法の1つは、古今東西の成功者たちの名言を読むことだ。短い名言には、仕事と人生で成功した人たちの知恵が凝縮されている。

二流の人は名言集を安直なものと思い込んで見向きもしない。彼らは知恵よりも快楽を追い求める。

一流の人は名言集を熱心に読んで成功の秘訣や仕事の心得を学ぶ。名言集が英知の集積であることを知っているからだ。

富める者がますます富み、貧しい者がますます貧しくなる原因の1つはここにある。

提案

毎日、成功者の名言を少なくとも5つは読もう。短い名言にこめられた英知は、モチベーションを高め、インスピレーションを与え、飛躍的なレベルアップを実現する。

一流の人は頭脳集団を持つ

二流の人は自分の頭脳だけで仕事をしようとする。他人に相談して無能とみなされるのを恐れるからだ。

一流の人はより高い意識レベルで仕事をする。彼らは誰が称賛を浴びるかを気にかけず、とにかく多くの人の頭脳を集める。

二流の人は自分の頭脳だけで問題を解決しようと躍起になり、功績を独占できない恐怖のために頭脳集団の力を活用できない。

一流の人は大きな問題を解決するには頭脳集団の存在が欠かせないことを知っている。

私は自分の頭脳をフル活用するだけでなく、周囲の人の頭脳を拝借することにしている。

ウッドロー・ウィルソン（アメリカ第28代大統領、ノーベル平和賞受賞）

提案

目標の達成を手伝ってくれる積極的で知的な人を集めて頭脳集団をつくろう。

一流の人は多種多様な分野に興味を持つ

二流の人が現状に満足するのに対し、一流の人はたえず新しいアイデアを探し求める。彼らは創造的な右脳を活用してアイデアを思いつく。

一流の人は、どんなことでもより速く、より簡単にする方法があることを確信し、そのためには創造的になる必要があると考えている。

彼らが創造性を高めるために使う方法の1つは、多種多様な分野に興味を持って勉強することである。関係のない分野での発見が、問題解決につながる可能性があることをよく知っているのだ。

一流の人が次々と解決策を思いつくのは、知能が高いからではなく観察力を磨いているからである。

二流の人は同じ物を見ても観察力が足りないので、重要なヒントを見落としてしまい、新しい発見をすることができない。彼らはいつも漫然とテレビを見て過ごし、安易な方法をたえず探し求める。

一方、一流の人は毎日のように新しい発見をし、それを問題解決に役立てる。

創造性が豊かな人はいろんなことを知りたがる。たとえば、古代史、数学、最新の製造技術、フラワーアレンジメント、などなど。なぜなら、それらの知識が新しいアイデアに結びつく可能性があるからだ。

カール・アリー（アメリカの実業家）

提案

多種多様な分野に興味を持って脳を活性化しよう。

第9章

感謝

GRATITUDE

二流の人は恩恵を当然のことと思い、
一流の人は恩恵に感謝の気持ちを抱く

一流の人は周囲の人に支えてもらう

長い人生では山もあれば谷もある。

言い換えると、どの人の人生にも順境と逆境があるということだ。逆境のときは何かにつけて裏目に出やすいから、精神的に追いつめられるおそれがある。そんなときに独力で頑張ろうとしても、自分1人の力ではたかが知れている。

一流の人が成功している要因の1つは、いつもサポートチームを持ち、陰になり日向になり支えてもらっていることである。そのチームを構成するのは、いいときも悪いときも自分を無条件に愛してくれる善良な人たちだ。

状況が厳しくて精神的につらい時期は誰にでもある。

一流の人はピンチのときに励ましてくれる人たちの支援を得ている。どんなに強靭な精神力の持ち主でも、試練を乗り越えるために周囲の人の支えを必要とすることがある。

一流の人の最大の敵は燃え尽き症候群だ。ストレスがたまると落ち込みやすいから、それまで取り組んでいた活動に対する情熱を失ってしまうおそれがある。

燃え尽き症候群を未然に防止するためには、時おり休養をとる必要がある。実際、一流の人は家族や友人と一緒に過ごして頻繁に気分転換をしている。一流の人にとって、サポートチームはさらなる高みをめざすための心のオアシスなのだ。

運転手つきリムジンに乗っているときは、多くの人が一緒に乗りたがるものです。でも、リムジンが故障して乗合バスに切り替えたときはどうでしょうか。そんなときに一緒に乗って励ましてくれる人こそが、自分を本当に愛してくれている人だと思います。

オプラ・ウインフリー（アメリカのテレビ司会者）

提案

自分を無条件に愛してくれる善良な人たちをリストアップし、その人たちと頻繁に話をするか定期的に会って親交を深めよう。

一流の人は感謝の心を持つ

二流の人は問題に直面して行き詰まると、すぐにストレスを感じて不平を言う。しかし、そんなことでは問題が深刻化し、ますますストレスがたまるばかりだ。

一流の人は問題に直面しても平常心を保ち、創造性を発揮して問題を解決する。その秘訣は感謝の心を持つことだ。感謝の心は意識を高めて潜在能力を活性化するのに役立つ。

二流の人も感謝の心を持ってはいるが、不平不満が多いために意識が曇っている。

一流の人は感謝している事柄をいつも思い浮かべ、創造性を豊かにすることを習慣にしている。

提案

生活の中で感謝していることを5つリストアップし、たえずそれらのことに思いをはせて、その習慣が自分の精神状態にどんな影響を与えるかを検証しよう。

一流の人は我欲を捨てる

二流の人が愛の意味をよく理解していないのに対し、一流の人は愛の意味をよく理解し、いつも愛にあふれた意識で行動する。

二流の人が恐怖と欠乏におびえているために我欲の塊になっているのに対し、一流の人はすべてのよいものが愛から生まれることを知っている。

一流の人は愛が成功と充実感の根底にあることを理解し、周囲の人の指導と支援があったからこそ一流のレベルに達することができたと考えている。このような感謝の心はさらに豊かさをもたらし、彼らをますます幸せな気分にする。

一流の人は我欲を捨てるようにたえず自分を戒めている。彼らはいつも愛にあふれた意識を持つことを心がけ、自分がふだん受けている多くの恩恵に感謝しながら生きている。

提案

我欲を捨てて愛にあふれた意識を持とう。世の中が違うものに見えてくるはずだ。

一流の人は自分のルーツを忘れない

一流の人は、自分がかつて二流の人として出発したことを忘れない。彼らは自分のルーツを覚えていて、不遇のときに助けてくれた人たちとのきずなを大切にし、育ててくれた地域社会に恩返しをする。その高い意識はふだんの会話に現れ、同僚や家族を含め周囲の人への感謝の気持ちを頻繁に口にする。

二流の人は自分が過去に受けた仕打ちにいつまでも恨み言を言う。愚痴をこぼすばかりで、周囲の人や地域社会への感謝の気持ちがぜんぜん足りない。

一流の人は自分が過去の出発点から現在の地位にまでたどり着いた過程を思い出して感謝し、さらに前進を続けるためのきっかけにする。彼らが次々と功績をあげる原動力はここにある。

提案

自分のルーツをたえず思い出し、育ててくれた人々や地域に感謝しよう。

一流の人は世の中の進歩を祝福する

二流の人は進歩に抵抗する傾向がある。進歩は未知の領域に足を踏み入れることを意味するから、不安を感じてしまうのだ。彼らはたえず古き良き時代を振り返る。

一流の人は進歩を世の中のあるべき姿とみなし、それを大いに歓迎する。

近年、一流の人と二流の人の格差がますます広がっている。世の中の進歩が加速してきたからだ。

二流の人が世の中の変化の速さに不平を言うのに対し、一流の人は同じ現象に拍手を送る。進歩が社会の発展に不可欠だと考えているからだ。

二流の人は「進歩についていけない」と思ってびくびくし、被害者意識にとらわれる。

一流の人は「おもしろくなってきた」と思ってワクワクし、世の中の進歩を祝福する。

提案

愛にあふれた意識を持ち、世の中の進歩に参加しよう。

一流の人は人脈づくりが得意である

二流の人は人脈づくりについて、人と会って名刺を交換しながら商談することだと考えている。たしかにそれは人脈づくりに対する常識的な見方ではあるが、一流の人はもっと高いレベルで活動している。公私にわたる幅広い人脈こそが、自分の最も大切な財産だと考えているからだ。

ビジネスでは知り合いの数が実力の目安になる。政治家はこの世で最も人脈づくりが得意な人たちだ。彼らは常に有力者との関係を構築し発展させる。

一流の人は名刺を集めるだけでなく、誰が助けてくれるかを考えて相手を選んでいる。

二流の人が普通の飲食店で雑談するのに対し、一流の人はほかの一流の人たちとの人脈づくりをするために資金調達のパーティーや政財界の会合に出席し、オフのときは高級カントリークラブに行く。

二流の人はそういう人脈づくりに疑問を抱く。成功するために他人を利用する卑怯なやり方だと思い込んでいるからだ。

一流の人は、それがギブアンドテイクの原理にもとづく共存共栄の健全な関係だと考えている。自分を助けてくれた人にお返しをしたくなるのが人間の心理だ。一流の人は人脈の中の誰かを助ける機会をたえず探し、実際に助ける。だから自分が助けを必要とするときは、それまで助けてもらって恩義を感じているほかの一流の人が支援の手を差し伸べてくれる。強力で幅広い人脈をつくれば、二流の人でも一流のレベルに達するきっかけをつくることができる。実際、二流の人もそういう機会に恵まれているのだが、それを活用しないだけである。

本物の成功者に共通する資質を1つあげるなら、人脈を構築し発展させる能力だ。

ハービー・マッケイ（アメリカの実業家、著述家）

提案

2つの人脈のリストを作成しよう。まず、すでに知り合いになっている上位100人のリスト。次に、知り合いになりたい上位100人のリスト。これからの1年で、2つ目のリストの人たちの中から、できるだけ多くの人を1つ目のリストに入れることを目標にしよう。ビジョンを実現するための最大の課題は、多くの人の支援と協力を得ることだ。

一流の人は惜しみなく人をほめる

二流の人が称賛を不要な行為とみなして人をめったにほめないのに対し、一流の人は人と接するときに頻繁にほめる。

ほとんどの人は称賛に飢えている。人間は感情の生き物であり、自分をほめてほしいといつも心の中で思っている。それがなければ、頑張って生きていく気にならないという人もいるぐらいだ。

ただし、一流の人は称賛の効果が低下しないように、他人を過度にほめないことにしている。つまり、歯の浮くようなお世辞をむやみに言わないということだ。しかし、他人の行為が称賛に値すると判断したら、適切な表現で惜しみなくその人をほめる。

称賛は相手を幸せにする。心のこもったほめ言葉はいつまでも相手の記憶に残るものだ。称賛はコストをかけずに大きな効果をもたらす。

称賛と礼節の前では成功の扉が開く。さらに、称賛と礼節の前では人の心も開く。

一流の人は相手の悩みを軽減し、疲れた心を癒すためにほめ言葉を頻繁に用いる。なぜなら、どの人もたいてい寂しがり屋で、誰にも言えない悩みを抱えながら生きていることを知っているからだ。

一流の人は心のこもったほめ言葉を周囲の人に投げかけ、相手の人生を明るく照らし、世の中に究極の善行を施す。

人をほめることは、この世で最高の善行である。

ジョージ・クレイン（アメリカの心理学者）

提案

人と接するときは、その人が地位や立場に関係なく、自分をほめてほしいという欲求を持っていることを覚えておこう。

第10章

謙虚

HUMILITY

二流の人は自分のプライドを守るために傲慢にふるまい、
一流の人は人々の協力を得るためにいつも謙虚にふるまう

一流の人はけっして偉ぶらない

謙虚さは周囲の人の助けを得るうえで重要な役割を果たす。

二流の人が謙虚さを過小評価しているのに対し、一流の人は謙虚さを常に心がけている。人々を動かして支援を取りつけるうえで、謙虚さが不可欠であることを知っているからだ。いかに一流の人といえども、成功よりも失敗のほうがはるかに多いのが実情だ。だから彼らは成功者になっても謙虚さを忘れない。

謙虚さは人間のあるべき姿だ。

二流の人は妙なプライドが邪魔をして謙虚にふるまうことができず、ふだんの人間関係で大損をしている。彼らは自慢屋で、「私はあなたより偉い」と言わんばかりの傲慢な態度をとる。しかし、それでは自分の存在価値を認めてほしいと思っている相手の気持ちを逆なでするだけだ。

一流の人は、傲慢にふるまうことで生じる弊害を懸念し、常に謙虚にふるまうことを心がけている。とはいえ、一流の人も自慢屋に負けず劣らず大きな自負心を持っている。しかし、彼らが二流の人と違うのは、それをけっして表に出さないことだ。

この厳しい競争社会で功績をあげようとするなら、大きな自負心を持つことは不可欠だ。ただし、一流の人はそれを他人に見せないように気をつけ、周囲の人の反感を買うことなく円滑に協力が得られるように配慮している。

うまくいかなければ、自分が責任をとる。うまくいけば、選手の手柄にする。これがチームを勝利に導く秘訣だ。

ポール・ブライアント（全米大学フットボール監督、史上最多勝利監督）

提案

自分が他人の目にどのくらい謙虚に映っているかを検証しよう。より謙虚になるためには、周囲の人に助けてもらっていることを思い出し、それに対する感謝の気持ちを表現すればいい。偉ぶらない態度が身につき、好感度が増して人々を惹きつけることができる。

一流の人は無知を自覚する

大多数の人にとって、勉強とは事実や理論、定理、日付を暗記することを意味する。実際、それが学校で教わることの主な内容だ。

二流の人にとって、勉強とはコーヒーを何杯も飲みながら試験の直前に一夜漬けをすることである。

一流の人はその場しのぎのやり方をせず、自分の能力開発に専念する。

講演家のジム・ローンは「学校教育は生計を立てるのに役立つが、生涯教育は資産を築くのに役立つ」と言っている。一流の人はそれが事実であることを確信し、能力開発やセールス、マーケティング、経営などの本や雑誌、CDにお金を投資し、やがて自分の専門分野の第一人者になる。

二流の人は本の購入に年間10ドル以下しか使わないが、アメリカの収入上位1％の人々は本やそのほかの教材に年間約1万ドルを投資している。さらに講演会や勉強会にも積極的に参加する。

二流の人はそれらの地道な投資を時間とお金の無駄とみなし、宝くじに投資して一攫千金を狙いながら酒やタバコで不満をまぎらわせる。

二流の人が「もう学ぶことはほとんどない」と考えるのに対し、一流の人は「学べば学ぶほど気づくことが多い」と考える。彼らは無知を自覚することによって、貪欲に学んで能力開発の方法を会得するのだ。

愛することと同様、学ぶことは無限である。一流の人はそれを知っているから、生涯にわたって学び続ける。

ビジネスにおける究極の競争力は、貪欲に学んで迅速に行動する能力である。

ジャック・ウェルチ（元ゼネラル・エレクトリック会長）

提案

生涯学習のプログラムを確立しよう。自己啓発の本やCDを活用するだけでなく、講演会や勉強会に積極的に参加しよう。そうすることによって、あなたの意識は飛躍的に高まり、行動パターンが大きく改善されてキャリアアップにつながる。

一流の人は奉仕に生きがいを感じる

一流の人は公私にわたって自分を奉仕者とみなす。どの分野を選ぶかに関係なく、彼らは人々に奉仕して充実感を得る。

人はみな、互いの役に立つために生きている。

一流の人はそれを理解し、見返りを求めずに人々に奉仕することに生きがいを感じる。とはいえ、原因と結果の法則によって、彼らは奉仕に対する見返りを得ることになる。

二流の人は低い意識で生きているから、原因と結果の法則が常に働いていることに気づいていない。

私たちは子どものころ、「与えれば与えるほど多くを得る」という格言を学んだ。ところが、ほとんどの人はこの格言の意味を忘れてしまっている。

その結果、二流の人は与えずに自分が得ることばかり考えている。

一流の人はこの格言の意味をよく理解している。彼らは奉仕の精神で他人に与え、原因と結果の法則の恩恵を得る。

原因と結果の法則は普遍的だから、誰に対しても常に平等に働く。しかし、二流の人はそれを信じようとしない。彼らは人々に奉仕しても見返りが得られないと思い込み、そんなことをすれば自分の不利益になるだけだと勘違いしている。一方、一流の人はいつも謙虚な姿勢で人々に奉仕し、結果として大きな見返りを得る。

人間の値打ちの目安は、どれだけ多くの人の役に立ってきたかである。

ポール・ムーディ（アメリカの発明家）

提案

人々に奉仕することについて自分がどう考えているかを検証しよう。あなたのふだんの言動はどれだけ人々を励まし、その人たちの生活に役立っているだろうか。

一流の人は他人を責めずに反省する

二流の人の非常に好ましくない特徴の1つは、自分のいたらなさやふがいなさを他人や環境、出来事のせいにする傾向があることだ。

二流の人が自分の失敗の責任を逃れようとするのに対し、一流の人は自分の失敗を認めて反省する。彼らの意識の根底には、自分の失敗に責任を持たなければならないという信念がある。だから他人のせいにしたり言い訳をしたりせず、素直に反省する。

一流の人は失敗したときに他人を責めずに真っ先に謝る。自分の行為とは直接関係のない不祥事に対してですら責任をとることがあるが、これは周囲の人の管理をする責任があるという高い意識によるものだ。それは親がわが子の不始末の責任をとるのと似ている。

二流の人が自分のプライドを守るために責任逃れをするのに対し、一流の人は率先して責任をとる。もちろん彼らもプライドを持っているが、そのプライドを夢の実現に活用する。つまり、夢をかなえるためにプライドをかけて全力を注ぐのである。彼らにとっては、それこそが健全なプライドなのだ。

一流の人はミスを犯すと即座に反省し、責任をとり、真摯に謝罪する。彼らはそうすることによって周囲の信頼を得て良好な人間関係を築く。

ミスを犯したら、それを指摘される前にすすんで認めることが重要だ。私はいつも率先して責任をとるようにしてきたし、今でもそうしている。

デービッド・オギルビー（アメリカの実業家、オギルビー&メイザー共同創業者）

提案

自分が責任をとるべきだったのに、そうしなかったときのことを思い出そう。実験として、相手のところに行って誠実な気持ちで謝罪し、反応を確かめるといい。相手はかたくなに閉ざしていた心を開き、あなたに理解を示すはずだ。

一流の人は感情にもとづくコミュニケーションを重視する

二流の人は学校教育が成功の最も重要なカギだと思い込んでいる。

しかし、多くの研究によると、知能指数よりも感情指数のほうが大切であることがわかっている。

二流の人が論理に訴えて人と接するのに対し、一流の人は人間が感情によって動くことを理解し、誠実な言葉やしぐさを含めて人間関係の技術を磨く。

二流の人は、自分の決定がたいてい論理にもとづいていると思い込んでいる。

一流の人は、人々が感情的に決定をくだし、論理的に正当化することを知っている。

この考え方の違いが、両者の結果に大きな影響を与える。

一流の人は自分の行動とそれが周囲の人におよぼす影響を研究して感情指数を高める。

彼らは心理学や自己啓発、癒し、マナーといった感情を重視するテーマを追求する。

そうすることによって人間関係の技術を磨き、結果として成功と充実感を得る。

成功の秘訣は学校では教わらない。しかし、社会に出て成功するうえで最も重要なのは、知能指数（IQ）でもなければ経営学の学位や技術的なノウハウ、専門知識でもない。人生で成否を分ける最も重要なファクターは感情指数（EQ）である。

ダニエル・ゴールマン（アメリカの心理学者）

提案

自分の感情指数を検証し、論理より感情にもとづくコミュニケーションを重視して人間関係の技術を高める工夫をしよう。

第11章

正義

JUSTICE

二流の人は見栄や世間体を判断基準にし、
一流の人は自分の良心を行動指針にする

一流の人は良心に従って行動する

二流の人が他人にどう思われるかをたえず気にしながら行動するのに対し、一流の人は自分の良心を行動指針にする。彼らが専門分野で高い集中力を維持できる理由の1つは、精神的な負い目がないからだ。良心を行動指針にしているから、二流の人より明晰に考え、純粋な気持ちで目標に向かって邁進することができる。

一流の人が集まって地域への奉仕活動をする組織として、世界各地にロータリークラブがある。会員が大きな決断をする前に求められる指針を紹介しよう。

1　真実にもとづいているか？
2　人々の親睦と友情を深めるか？
3　関係者全員にとって公平か？
4　関係者全員にとって有益か？

一流の人は重大な決定をくだす前に、これと同様の問いを自分に投げかける。他人をごまかすことはできても、自分をごまかすことはできないことを知っているからだ。

二流の人は良心に反する決定をくだしがちで、それが自尊心を大きく損なっている。

一流の人はそれがあまりにも高い代償だと考え、良心に従って行動することを基本方針にしている。

提案

「常に良心に従って行動しているか」という重要な問いを自分に投げかけよう。もしそうなら、あなたは成功に向かって邁進することができる。しかし、もしそうでないなら、良心に反する行動は厳に慎むべきだ。「まいた種は刈り取らなければならない」という格言を肝に銘じよう。

一流の人は正直であることの大切さを知っている

一流の人は自分が正直であることを誇りに思っている。彼らはすべての言動に正直さを貫き、それについて妥協しない。

二流の人は不正直な方法で資産を築くことがあるが、一流の人はそれが邪道であり、本物の成功が財産や所有物ではなく人格にもとづいていることを知っている。

一流の人は成功を引き寄せるために一生懸命に努力する。

二流の人は金持ちになるには宝くじに当たればいいと考えている。だから宝くじは大勢の人のあいだで常に人気があるのだ。宝くじを買うことは不正直な行為ではないが、たくさんのお金を手に入れさえすれば、幸せになって充実感が得られるという幻想にもとづいている。

一流の人は、本物の勝利とは苦しみながら人格を磨いて正直な方法で手に入れるものだと考えている。だからもしその苦しみを取り除けば、勝利の喜びが得られなくなることを知っている。

良心的で正直な人は、そうでない人より財をなすのが遅いかもしれない。しかし、本物の成功とは、不正や詐欺によらずに成功することだ。たとえしばらくは成功しなくても、人間は常に正直でなければならない。不正な手段で資産を築くよりも、すべてを失ってでも人格を磨いたほうがいい。なぜなら、人格それ自体が財産になるからだ。

サミュエル・スマイルズ（19世紀のイギリスの成功哲学者）

提案

自分の人生から不正直さを排除しよう。不正直さは自分の評価を下げ、魂を蝕むことを肝に銘じる必要がある。

一流の人は高潔である

二流の人は恐怖と欠乏におびえて生きているので、高潔さをぜいたくな選択肢とみなしている。彼らは現代社会が「食うか食われるか」という過酷な世の中だと思い込み、生き残るために高潔さをないがしろにしがちである。

一流の人は愛と豊かさにあふれて生きているので、高潔さを常に行動規範にしている。彼らがそれを習慣にしているのは成功するためではなく、それが正しいことだからだ。

人を雇うときは、３つの資質を重視する必要がある。すなわち、高潔さ、知性、活力だ。高潔さに欠ける人を雇うと、ほかの２つの資質が組織に大損害をもたらす。

ウォーレン・バフェット（アメリカの投資家、バークシャー・ハサウェイ会長）

提案

高潔さを常に行動規範にしよう。それがもたらす恩恵に感動するはずだ。

一流の人は品格のあるふるまいをする

一流の人は常に高いセルフイメージと合致する品格のあるふるまいをする。

二流の人が人前で勝利に酔いしれ、敗北に打ちひしがれるのに対し、一流の人は成功しても失敗しても、常に落ち着いている。

一流の人のもう1つの特徴は、勝利のあとの謙虚さである。彼らは勝ったときでも驕《おご》り高ぶらずにチームの功績をたたえ、負けたときは自らすすんで責任をとる。このような品格のあるふるまいが人望を集め、さらに大きな勝利につながるのだ。

一流の人はどんなことをしてでも勝つという無節操な態度を嫌い、正義を貫く高潔な人格を持ち、倫理にもとづいて行動することにこだわる。

提案

自分のふるまいを周囲の人にどう理解してほしいかを考え、それを実践しよう。

一流の人はチームワークを大切にする

一流の人は、功績をあげるにはチームワークを大切にする必要があることを知っている。1人の力では大きなことを成し遂げられないからだ。そこでほかの一流の人たちをチームに招き、功績の大半を彼らに譲る。

一流の人は「独力で成功する」という考え方を根拠がないものとして否定する。彼らにしても世間の称賛を浴びたいという欲求はむろん持っているが、それをチームメートと共有することにより大きな幸せを感じる。

チームワークを大切にしてほかの人たちと功績を共有しようとする姿勢は、大きなビジョンの実現を可能にする。

一流の人はチャンスを見つけると、功績をあげるために必要な人材を思い浮かべる。他人と力を合わせることの重要性を理解しているからだ。場合によっては自分がリーダーシップをとるが、チームのためなら喜んで他人の命令に従う。

功績をあげる秘訣は４つの条件から成り立っているように思う。すなわち、大好きな仕事を選び、それに全力を傾け、チャンスをつかみ、チームワークを大切にすることだ。

ベンジャミン・フェアレス（アメリカの実業家、ＵＳスチール会長）

提案

チームを組みたいと思う10人をリストアップし、名前の横に理由を明記しよう。たとえ大きなプロジェクトでなくても、このリストは作成する価値がある。その人たちの顔を想像するだけで、チームの功績につながるアイデアが浮かんでくるからだ。

一流の人は双方が利益を得る交渉をする

交渉の技術に関して、基本的に2つのアプローチがある。

二流の人は、自分がより大きな利益を得るために交渉する。

一流の人は、双方が公平に利益を得て勝利を収めるために交渉する。

一流の人は公平、正直、共感を重視し、それらの資質を持たない人とは話し合おうとしない。彼らは率直に意見を交換し、双方が利益を得る交渉を好む。

なぜなら、そうすることによって、今後ますます多くのビジネスチャンスが舞い込むことを知っているからだ。もっと重要なのは、彼らが正義を貫いていることである。

提案

「交渉の際に自分だけが多くの利益を得ようとしているか、双方が利益を得て満足できるように配慮しているか」と自問しよう。卑怯な交渉者ではなく、公平で正直な交渉者という評価を得ることを心がけよう。

一流の人は人々を助けるために力を発揮する

二流の人は自分の力を過小評価し、成功者だけが力を持っていると思い込んでいる。一流の人は人に勇気と希望を与え、やる気を出させる力を持っていることを自覚している。

二流の人は「力を持っている人は邪悪で傲慢で強欲だ」と考える傾向がある。一流の人は自分の欲望を満たすためではなく、人々を助けて社会を豊かにするために自分の力を発揮する。

人はみな驚異的な力を秘めている。あなたにできることに限界はない。もしあるとすれば、「できない」と思い込んでいるからだ。「できない」ではなく「できる」と思おう。

ダーウィン・キングズリー（イギリスの歴史家、ケンブリッジ大学教授）

提案

「自分が力を発揮するのは、我欲を満たすためか人々を幸せにするためか」と自問しよう。

一流の人は収益の一部を社会に還元する

二流の人は、収益を独り占めにしたがる傾向がある。

一流の人は、企業の競争力を高めるために必要なイノベーションを起こすうえで、収益は不可欠だと考える。

二流の人が収益をあげると強欲がたちまち表面化するのに対し、一流の人が収益をあげると高い次元で物事を考える。彼らは収益の一部を社会に還元し、世の中に貢献するために尽力する。世界を1つの巨大な共同体とみなし、その中で人々が互いに依存し合っていると考えているからだ。

一流の人は「ノブレス・オブリージュ（高い身分に伴う義務）」を実践している。すなわち、社会的に身分の高い人は寛容の精神を発揮して不遇の人々を助けなければならないという考え方だ。

収益は必ずしも事業の最優先課題ではないかもしれないが、収益をあげなければ事業は存続しない。巨視的に見ると、収益をあげなければ、世界の貧困地域に経済援助をすることはできない。言い換えると、お金を儲けなければ、経済的に困っている人々に支援の手を差し伸べることができないということだ。
一流の人は常に高い視点に立って考え、二流の人はその恩恵に浴している。なぜなら、二流の人が野球やサッカーに熱狂し、どのチームが優勝するかを考えているあいだ、一流の人は明日の世界をよりよくするために、社会や組織のリーダーとして重要な役割を果たしているからだ。

収益性は事業存続の絶対条件であり、より重要な目的を果たすための手段だが、多くの優良企業にとって儲けること自体は事業の目的ではない。企業にとって収益とは、人体にとって酸素と食糧と水分のようなものだ。それらは人生の目的ではないが、それらがなければ生きていけない。

ジム・コリンズ（アメリカの経営コンサルタント）

提案

たとえ少なくても、収益の一部を社会に還元しよう。自分の豊かさを不遇の人々に分け与えることでどんな気分になるかを確かめよう。

一流の人は強固な人格を持っている

一流の人は強固な人格を持っている。彼らはいつも自信にあふれ、誠意を持って信念を貫く。だからどんなに状況が厳しくなっても、逃げずに責任を果たして目標を最後までやり遂げる。

一流の人はやると言ったことを必ず実行する。彼らは窮地におちいっても勇気を振り絞って堂々と立ち向かう。

二流の人にはそれができない。

それができるのは、上位5％に相当する一流の人だけである。

提案

やると言ったことは必ず実行するという誓いを立てよう。これはその他大勢から抜け出すための基本哲学であり、それを実行すれば、誰からも信頼される。

一流の人は他人に迎合しない

私の人生の師である故ビル・ゴーブは、「ドラッグやアルコールよりもひどい中毒があるとすれば、それは他人に迎合することだ」と講演でよく語っていた。

この中毒は「他人に認めてもらわなければ愛してもらえない」という恐怖から生じる。

二流の人が自分に自信がないから他人に迎合する傾向があるのに対し、一流の人は自分の信念を貫き、そのために好かれなくても気にしない。

私は社員や顧客に対して誠実かつ正直にふるまう責任を果たすことを心がけている。彼らが私を好いてくれるかどうかはわからない。好かれるに越したことはないが、好かれなくても私の責任ではない。

ビル・ゴーブ（アメリカの講演家）

提案

他人に迎合する気持ちが自分の中でどのくらい強いかを検証しよう。

一流の人は必ず約束を果たす

二流の人が大きな約束をして、小さなことしか実行しないのに対し、一流の人は大きな約束をして、それと同じかさらに大きなことを実行する。彼らは何かをすると約束したら、必ずその約束を果たす。これは一流の人に共通する習慣の1つである。たとえば、すぐに折り返し電話をするとかお礼状を書くといった些細なことを誠実に実行するのだ。なぜなら、その積み重ねが信頼につながることを知っているからである。

二流の人は都合がいいときだけ約束を果たす。

一流の人は都合がいいかどうかに関係なく必ず約束を果たす。彼らは自分の感情をコントロールして相手との信頼を築くことを心がけている。

提案

「すると言ったことをどの程度の頻度で実行しているか」と自問しよう。都合がいいときだけか、どんなときでもか。

一流の人は正しいことをする

一流の人は「正しいことをする」という倫理観に従って生きている。二流の人は恐怖と欠乏におびえた意識で生きているので、手っ取り早く利益を得ようとして倫理にもとる近道を選択しがちだ。とはいえ、彼らは悪人というわけではない。恐怖におののいているだけだ。しかし、恐怖におののいている人は判断ミスを犯しやすい。

適当にごまかすのではなく、常に正しいことをせよ。

ピーター・ドラッカー（アメリカの経営学者）

提案

倫理的な考慮を要する決定をくだすときは、「正しいことは何か」と自問しよう。たとえその決定が人々のあいだで不評でも、毅然とした態度をとり、倫理的に正しいと信じることをしよう。

第12章

忍耐

PATIENCE

二流の人は困難に直面するとすぐにあきらめ、
一流の人は困難に直面しても最後までやり遂げる

一流の人は驚異的な粘り強さを発揮する

二流の人は人生の目標をはっきり決めていないので、いろいろなものを追い求めてはあきらめて、やがて生涯を終える。彼らには粘り強さが欠けているから、1つのことに長く集中することできない。

一流の人はいったん目標を決めたら、実現すべきビジョンを思い描いて日々を過ごし、なんとしてでも目標を達成しようと決意する。この段階で成功は時間の問題だ。

二流の人は一流の人の粘り強さをうらやましがるが、一流の人にしてみると情熱を燃やして生きているだけである。彼らには途中であきらめるという選択肢は存在しない。粘り強く取り組めば取り組むほど、勝利の確率が高まることを知っているからだ。周囲の人にとって驚異的な粘り強さに見えることでも、本人にとっては決意を実行に移しているにすぎない。

一流の人は目標を細部に至るまで正確に見定め、それを達成するための戦いを開始する。彼らの目的意識と粘り強さの組み合わせは、そう簡単には崩れない。

一流の人は「途中で絶対にあきらめない」と心に誓っているから、強靭な精神力で物事をやり遂げる。二流の人が懐疑的に見る中で、一流の人は「絶対に勝つ」と信じて取り組む。この勝利への確信こそが、どんなに苦しくても粘り強く最後までやり遂げる原動力になる。

どの分野でも成功と最も関係が深いと思う資質を1つだけ選ぶとすれば、粘り強さだと私は思う。粘り強さとは、困難に直面しても物事を最後までやり遂げることであり、70回倒れても71回起き上がる不屈の精神のことだ。

リチャード・デボス(アメリカの実業家)

提案

「現在の試練に対して驚異的な粘り強さを発揮したら、状況は好転するだろうか」と自問しよう。もしその答えがイエスなら、すべきことをやり遂げる必要がある。その結果、あなたの人生は変わる。

一流の人は逆境を栄光への試練とみなす

逆境は栄冠を勝ち取るための試練であり、それに耐えて学習し成長するかどうかが成否の分かれ目になる。

二流の人が逆境を避けて楽な道を通ろうとするのに対し、一流の人は逆境を歓迎して困難な道を選ぶ。

二流の人がテレビの娯楽番組を見て時間を浪費するのに対し、一流の人は自分を磨くための勉強に時間を投資する。

二流の人にとって、逆境は精神的苦痛である。

一流の人にとって、逆境は精神力を鍛える機会である。彼らは逆境を積極的に活用し、それを糧にして躍進する。

提案

これまでに経験した大きな逆境を3つリストアップし、どんな恩恵が得られたかを冷静に検証しよう。逆境の恩恵を見つける習慣を身につければ、逆境に対する恐怖は消える。

一流の人はやり抜く覚悟ができている

一流の人の心の姿勢をひと言で表現すると、「やり抜く覚悟」である。二流の人が戦いで心身ともに疲弊しているとき、一流の人は「戦いはまだ始まったばかりだ」と考える。疲れていないのではなく、なんとしてでも夢をかなえると決意しているのだ。

二流の人も夢をかなえたいと考えているが、苦痛をできるだけ避けようとする。一流の人は苦痛をものともしない。何があろうと、やり抜く覚悟ができているからだ。

二流の人が夢をかなえることを単なる願望とみなすのに対し、一流の人はそれを戦いとみなして命をかける。だから、彼らはどんな苦しさにも耐えることができる。

二流の人が成功のための代償を避けたがるのに対し、一流の人は成功に必要な代償を喜んで払う。

この心構えの違いが成否を分ける。

提案

「どんなに苦しくても必ず夢をかなえる」と心に誓おう。

一流の人は目標のために代償を払う決意をしている

一流の人は目標の鮮明な映像を思い描きながら行動する。だから、二流の人が成功に必要な代償についてたえず不平を言うのに対し、一流の人は常に代償を払う決意をして前進を続け、どんなに苦しくてもひたすら耐える。

二流の人は「一流の人は才能に恵まれているから、たやすく功績をあげることができる」と思い込んでいる。たしかにそういうこともまれにあるが、二流の人がのんびりとくつろいでいるあいだ、一流の人が自分の才能を磨くために膨大な時間を投資していることを見落としてはいけない。

提案

5年後、10年後のことを考え、最高の人生のビジョンを紙に書こう。その際、創造性を発揮し、感情をこめて、ビジョンをできるだけ鮮明にイメージしよう。

一流の人は何度も戦って精神力を鍛える

一流の人は成功に代償がつきものであることを知っている。

二流の人がありもしない近道を探して貴重な時間を空費しているあいだ、一流の人は苦しみに耐えながら戦う。

勝利への道は血と汗と涙で敷き詰められている。

一流の人はそれを熟知し、何度も戦って精神力を鍛え、ついに偉大な人物になる。

二流の人は苦しみを避けて安易な道を選び、精神力を鍛える機会を生かさずに落伍する。

提案

夢や目標を実現するために、どれだけ苦しみに耐える覚悟があるかを考えてみよう。

一流の人は過去の苦しみを未来の糧にする

二流の人が過去の出来事をもとに未来を構築するのに対し、一流の人は過去が未来に匹敵しないことを知っている。

二流の人が過去に生きて膨大な時間を空費するのに対し、一流の人は過去の苦しい経験のおかげで現在の自分があると考える。この考え方はつらい思い出を乗り越えるのに役立ち、心の平和につながる。

過去の出来事は変えようがないが、それをどう解釈するかは考え方次第である。過去の出来事に対する解釈を変えれば、マイナスをプラスに転換することができる。一流の人はそれを知っているから、過去の苦しみを未来の糧にすることができる。

提案

過去の苦しい経験を3つ振り返り、それが未来の成功にどう役立つかを考えよう。解釈次第で、つらい過去が明るい未来を切り開く力を秘めていることを理解しよう。

一流の人は忍耐の重要性を知っている

一流の人は栄冠を勝ち取るためには苦しみに耐えなければならないことを知っている。彼らは価値のあるものが簡単に手に入らないことを成長の過程で学んでいる。

二流の人は栄冠を勝ち取るために苦しむことを嫌がる。彼らは成長の過程で教訓を学ばず、価値のあるものが簡単に手に入るという子どもっぽい幻想を抱いて生きている。

一流の人は目標達成の過程で戦うことを想定している。だから途中で障害に遭遇しても、それを当然のこととみなし、驚いたり慌てたりすることはない。

二流の人は目標達成の過程で戦うことを想定していない。だから途中で障害に遭遇すると、「なぜこんな苦しい目にあわなければならないのか」と思い、すぐにあきらめる。

提案

「楽をして価値のあるものが手に入ると思っていないか」と自問しよう。大人として現実を直視しているか、子どもっぽい幻想を抱いているか、どちらだろうか。

第13章

寛容

GENEROSITY

二流の人は恐怖と欠乏にさいなまれ、
一流の人は愛と豊かさにはぐくまれる

一流の人は過去のことを水に流す

二流の人は裏切られたと感じると、それを根に持って復讐を誓う。

一流の人は裏切られたと感じても、広い心で相手を許して愛を贈る。

二流の人は復讐に執念を燃やす。彼らの多くは、自分が成功できないのは他人のせいだと思い込み、特定の人や団体、あるいは社会全体に復讐を企てる。


もちろん、裏切りは二流の人に限定されない。経済的に成功した人の多くが、ライバルの鼻をあかしたいと考えているのが実情だ。彼らは「世間を見返してやるために歯を食いしばって頑張ってきた」などと言う。

しかし不幸なことに、復讐心に満ちた意識は幸せを手に入れる妨げになる。彼らはそれに気づかず、復讐心を原動力にしてもっと大きな成功を収めて幸せを得ようとするが、最終的にうまくいかずに失望する。

多くの人は傷ついた自我を復讐によって癒そうとする。しかし、それは生産的な行為ではないから、ますます空虚な気分になるだけだ。

一流の人は愛と豊かさにあふれた意識で生きているから、復讐を低い意識の産物として排除する。彼らは愛こそがこの世で価値のある唯一の力であることをよく知っている。

一流の人は、もし他人に裏切られたら、それも人生の一部だと考えて水に流す。なぜなら、多くの人が恐怖と欠乏におびえて行動しているのを知っているからだ。

恐怖と欠乏は不合理な考え方を生み、不適切な行為につながりやすいのである。

総人口の95％が恐怖と欠乏におびえながら生きていることを肝に銘じよう。

多くの人は損をしたくないという一心で他人を裏切ってしまうのである。

提案

自分を裏切った人に対する復讐心や復讐計画を捨てる決意をしよう。自分を傷つけた人を許すことを弱さの証しだと勘違いしてはいけない。許すには高い次元の意識を持つ必要がある。

一流の人は自分を傷つけた人を許すことができる

自分を傷つけた人を許せるかどうかが、一流の人と二流の人の大きな違いの1つである。二流の人が復讐を企てるのに対し、一流の人は敵を許して前進を続ける。二流の人が憎しみで凝り固まっているのに対し、一流の人は心が愛にあふれている。

心を愛で満たせば、許すことは簡単にできる。自分を傷つけた人を許すことは、心の平和をもたらす自分への最高の贈り物である。

弱い者は他人を許すことができない。許すことは強い者の証しである。

マハトマ・ガンジー（インドの指導者）

提案

自分を傷つけた人をリストアップし、その人たちを許そう。だからといって、それを相手に伝える必要はない。人はみな間違いを犯すという事実を認識し、心の中で相手と折り合いをつければいいのだ。

一流の人は協力的である

一流の人はこの世で最も協力的である。力を合わせて勝利をめざす気持ちが強く、自分1人の力では大きな目標を達成できないことを知っているからだ。

二流の人は自己中心的な態度をとりやすく、自分1人の力で成功したと自慢したがる。

一流の人は成功を独占する必要を感じず、功績をチームのメンバーと共有することを好む。彼らは力を合わせて働くように人々を説得して協力体制を構築し、目標の達成を喜ぶだけでなく、チームの人たち全員がその過程で成長するのを見て楽しむ。

人間は協力的であればあるほど、大きな成功を収めることができる。一流の人はそれをよく知っている。

提案

自分がどのくらい協力的かを見極めよう。あまり協力的ではないなら、他人と力を合わせることの重要性を正しく理解する必要がある。

一流の人は意見の対立を歓迎する

二流の人が意見の対立を避けようと躍起になるのに対し、一流の人は意見の対立を受け入れるだけでなく、それを成長の起爆剤として歓迎する。

二流の人が感情的な見地から意見の対立を避けようとするのに対し、一流の人は論理にもとづいて意見の対立に前向きに取り組む。

自分の意見を抑えてまで意見の対立を避けようとするのは、自我が傷つくのを恐れる心理に起因する。

だから、二流の人は解決策を思いつくより他人に迎合しようとする。

二流の人は虚弱な精神の持ち主で、意見の対立を耐えがたいと感じる。

一流の人は意見の対立を不快なこととはみなさず、状況を多角的に分析するための機会ととらえる。広い視野に立っているので、誰が問題を解決して功績をあげようと気にしない。物事を論理的に考えるから、反対意見が正しい可能性を考慮する。意見の対立が生じるのは、組織が方針を多角的に検証してバランスよく機能している証しとみなす。

意見の対立を抑圧する組織は、息苦しくて成長の可能性をつぶしてしまう。意見の対立を歓迎する組織は、人々の頭脳を結集して大きな発展を遂げることができる。

優秀なマネジャーは意見の対立を忌み嫌わない。上司が間違っているときに部下が堂々と異を唱えるのは、健全な組織の証しだからだ。

ロバート・タウンゼント（アメリカの実業家、元エイビス・レンタカー社長）

提案

「事なかれ主義におちいっていないか」と自問し、もしそうなら、すぐにその習慣を断ち切り、意見の対立を恐れずに積極的に行動しよう。

一流の人はグローバルな視点で考える

一流の人は地球を1つの共同体とみなしている。だからムンバイでの出来事がシカゴに、シドニーでの出来事が東京に影響を与えることを知っている。

二流の人はほかの国のことをあまり知らない。自分の住んでいる地域以外のことにはほとんど興味を示さず、国際社会に対して偏狭な認識しか持ち合わせていないので、国どうしが影響を与え合っていることなど思いも寄らない。

一流の人は地理的な境界を意識せず、国際的な見地から情勢を把握する。彼らは世界のあるべき姿について高い見識を持っている。

提案

「自分の地域以外の人や場所に貢献しているか」と自問しよう。国際的視野に立って、困っている外国の人々に支援の手を差し伸べて地球規模の善行を施そう。

一流の人は惜しみなく与える

二流の人は恐怖と欠乏におびえている。

一流の人は愛と豊かさにあふれている。彼らは、世の中にはすべてのものが満ち足りていると考えているから惜しみなく与える。

二流の人も時には与えるが、1つだけ違いがある。彼らはなんらかの見返りを得るために与えるからだ。

一流の人は見返りを期待せずに与える。その理由は、それが正しいことだと信じているからだ。彼らはその純粋な愛ゆえに深い充実感を得る。

提案

見返りを期待せずに、不遇の人にわずかなお金を差し出そう。その人は友人かもしれないし、見ず知らずの人かもしれない。慈善は豊かさ意識を生み出し、自分の人生にさらなる豊かさを引き寄せる。

一流の人は相手の存在価値を認めて心をつかむ

一流の人は成功に不可欠な要素の1つが人間関係の技術であることを知っている。二流の人も人間関係の技術の重要性を知っているが、彼らは論理的なコミュニケーションによって人々に影響を与えようとする。

一流の人は人間が感情の生き物であることを熟知しているので、相手に重要感を持たせることを心がける。地位や身分に関係なく、どんな人でも自分は重要な存在だと感じたがっていることを知っているからだ。一流の人は相手の存在価値を認めていることを上手に伝えて人々の心をつかむのが得意である。

人と接するときは、相手が論理の生き物ではなく感情の生き物であることを肝に銘じよう。

デール・カーネギー（アメリカの著述家）

提案

誰に対しても相手が重要な存在であることを強調する接し方を常に心がけよう。

一流の人は功績を人に譲る

二流の人は、功績をあげなければ会社を首になって路頭に迷うことを恐れている。だから功績を独占しようともくろむ。これは恐怖と欠乏におびえた自己中心的な意識のなせるわざである。

一流の人は誰が称賛を浴びても気にせず、自分は身を引いてチームの功績にする。組織の一員としてチームプレーに徹している証しだ。これは愛と豊かさにあふれた意識によるものである。

一流の人は自分の市場価値に自信を持っているから功績を他人に譲ることができる。万一そのために社内での地位を失っても、ほかの職場で活躍できると考えている。

提案

恐怖と欠乏におびえた自己中心的な意識を持っていないかどうかを検証しよう。もしそうなら、愛と豊かさにあふれた意識と取り換えよう。

一流の人は互いに助け合う

二流の人は他人のアイデアが役に立つと思っても、自分の地位を脅かすおそれがあると考えて敬遠する。その結果、功績の規模を限定してしまっている。

一流の人は、人々が互いに助け合うことで大きな力を発揮できることを知っている。だから自分が功績を独占して英雄になることよりも、同じ志を持つほかの一流の人たちと組んで大きな目標を達成することを好む。彼らはそれを念頭に置いて、チームの人たちの貢献を歓迎し祝福する。

二流の人は自分の功績を認めてもらうために躍起になる。

一流の人は自分が功績を独占することを避け、チームの全員が貢献を認められるように配慮する。彼らは他人と力を合わせて物事を成し遂げる達人である。

提案

功績を認めてもらおうとして孤軍奮闘していないかどうか検証しよう。もしそういう傾向があるなら、他人と協力してより大きな目標を達成するように意識改革する必要がある。

一流の人は自由を愛する

自由とは、自分の信念に従って行動し、能力を存分に発揮する権利のことだ。二流の人が自由を当然のこととみなすのに対し、一流の人は自由を最大の財産の1つとみなす。

偉大になる機会は、自分の生き方を選択し創造する自由から始まる。

一流の人は自由を高く評価している。

二流の人は自由をあまり高く評価していない。なぜなら、自由の意義に気づいていないからだ。まるで、黄金が自宅の裏庭にあることを知らず、黄金を求めて世界中をさまよっているようなものだ。

提案

「自由の意義に気づいているか」と自問しよう。

一流の人は相手の話をよく聞く

二流の人は、聞くことの力を過小評価している。だから会話をしていて相手が話しているとき、自分が次に言うことを考えている。

一流の人はじっくり聞くことによって、相手がどんなことを考えているかを知ることに全力を傾ける。

人間は感情の生き物であり、自分を理解してほしいという強い欲求を持っている。

一流の人は相手の話を聞くことによってその欲求を満たし、互いの感情的なつながりをつくり上げる。

ところが、総人口の95%は人間関係の素人で、相手の話にあまり耳を傾けようとしない。

一流のセールスマンは、見込み客のニーズを聞くことが販売のプロセスで最も重要だということを知っている。

一流のマネジャーは、部下の意見を聞くことが彼らのやる気を引き出して行動を起こさせることを知っている。

一流の人は会議やパーティー、あるいはそれ以外の場所でも相手の話をじつによく聞く。彼らは聞く技術を駆使することによって相手の心をつかむのが得意だ。

従業員が意見を言いやすい方法を考え、すべての人の話に耳を傾けることが重要だ。実際に顧客と接するのは販売の第一線にいる人たちだから、現場で何が起こっているかをよく知っているのは彼らだけである。もし彼らが知っていることを聞き出さなければ、いずれ会社は大変なことになる。

サム・ウォルトン（アメリカの実業家、世界最大の小売業ウォルマート創業者）

提案

誰かと会話を始めたとき、自分がどれだけ長く相手の話を聞いていられるかを試してみよう。日ごろから相手の話に耳を傾ける練習をし、相手の本当の気持ちを感じ取るように努め、聞く技術を向上させることを自分の課題の1つにしよう。

一流の人はユーモアのセンスがある

一流の人はいつもひたむきに働く。その利点は成果があがることだが、欠点はストレスがたまることだ。

そこで緊張をやわらげて試練に対する斬新な物の見方をするために、彼らはユーモアのセンスを発揮する。笑いがストレスの最高の解毒剤であることを知っているからだ。

１９８１年にレーガン大統領が銃撃されて世界を震撼させた事件で、彼が妻に発した最初のひと言は「よけそこなったよ」だった。

緊張が高まる中、国民はこのジョークを聞いてホッとした。

一流の人は、プレッシャーのかかる状況で能力を存分に生かすためにユーモアのセンスを発揮する。それが、プレッシャーをはねのけて記録を樹立するか、プレッシャーに押しつぶされて敗退するかの違いを生む。

二流の人はユーモアをくだらないものとして軽視し、それに秘められた素晴らしい力を活用しない。

一流の人はユーモアが心と体と魂におよぼす力を理解し、即効性のあるストレス軽減の方法とみなす。

喜劇は人間の精神を高揚させてくれる。

メル・ブルックス（アメリカの俳優、映画監督）

提案

本やインターネットでジョーク集を読み、喜劇を見てユーモアのセンスを磨き、日常生活のプレッシャーを軽減しよう。

一流の人は多様性を大切にする

一流の人は、特定の思想や信条、宗教の持ち主だけが優秀だという考え方を否定する。彼らは人種や国籍に関係なく、すべての人が社会になんらかの貢献をしていると確信し、異なる思想や信条、宗教の持ち主の多種多様なアイデアを歓迎する。

ところが、二流の人にはそれができない。


二流の人が人々を外見ですぐに判断するのに対し、一流の人は人々を中身でじっくり判断する。

その違いは両者の意識レベルに要約される。


二流の人は恐怖と欠乏におびえているので、自分と異なるタイプの人を「安全を脅かす存在」として疑ってかかる。

一流の人は愛と豊かさにあふれているので、自分と異なるタイプの人を寛容の精神で受け入れることができる。

単純化して言うと、愛と豊かさにあふれた目を持つと、世の中はまったく違ったものに見えてくるということだ。

多様性は大きな競争力を秘めている。同じ問題に対して、さまざまな文化的背景を持つ人々が独自の方法でアプローチするからだ。

リチャード・マギン（ルーセント・テクノロジーズ最高経営責任者）

提案

仕事であれプライベートであれ、自分と異なる思想や信条、宗教、哲学を持つ人に対して心を開こう。それを習慣にすると、今まで敬遠していた人たちから新しいことを学んで視野を広げることができる。

おわりに

20年余り前、まだ20代の私にとって、一部の人だけが成功している理由は謎だった。

・知能が高いからか？
・学歴があるからか？
・才能に恵まれているからか？

答えはすべてノーだ。たしかに天才的な人物に出会うこともたまにあったが、成功者の99％はそうではなかった。

わずかな人だけが成功を収める理由は、彼らが精神的に強いからだ。辛抱強く努力を積み重ね、思考と感情、および人生に対する姿勢をコントロールする方法を学んで充実した人生を送っているのだ。能力開発と自己改造のために継続的に努力するなら、あなたも同じように成功を収めることができる。

本書の中で何度も力説したが、重要なのでもう一度指摘しよう。

それは、一流の人はたえず自分を磨くために時間を投資し、学校を出たあとも永遠に学び続ける、ということだ。

書店にビジネス書と自己啓発書がたくさん並んでいるのを見て、「いったい誰がこんな本を読むのか」と疑問に思ったことはないだろうか。その主な読者層は一流の人たちだ。皮肉なことに、ビジネス書と自己啓発書を読む必要のある人たちは、それらの本に見向きもしない。逆に、もうそれらの本を読む必要のない人たちが、熱心に読みふける。

不断の努力こそが一流の人を支える基盤である。あなたに必要なのは、たえず学習に励む決意をすることだ。

「富める者はますます富み、貧しき者はますます貧しくなる」という古い格言がある。一流の人の研究を始めたころ、私にはその理由がわからなかった。

しかし、今はわかる。本書を読めば、あなたもその理由がわかるはずだ。

スティーブ・シーボルド

【著者紹介】

スティーブ・シーボルド（Steve Siebold）

◉――アメリカの経営コンサルタント。コンサルティング会社ゴーブ・シーボルド・グループ代表。学生時代に一流の人の研究を開始し、20年後に成果を発表して注目を集める。現在、能力開発の第一人者として世界の優良企業で社員研修を担当し、大勢の人材を育成する。主なクライアントはトヨタ自動車、ボルボ・カー、ジョンソン・エンド・ジョンソン、グラクソ・スミスクライン。セミナーは常に絶大な人気を博し、世界の講演者の収入上位１％に入る。米ABC、米CBS、英BBC、豪NBCなどのトーク番組に出演し、成功の秘訣を伝授する。プライベートでは慈善活動に積極的にかかわり、社会的弱者の救済に尽力する。著作は「ウォール・ストリート・ジャーナル」紙、「フォーブス」誌、「ハフポスト」などで取り上げられる。著書に『金持ちになる男、貧乏になる男』（サンマーク文庫）がある。現在、ジョージア州アトランタで妻と暮らす。

【訳者紹介】

弓場 隆（ゆみば・たかし）

◉――翻訳家。訳書多数。主な訳書に『人望が集まる人の考え方』『うまくいっている人の考え方 完全版』（以上、ディスカヴァー・トゥエンティワン）、『「人を動かす」ために本当に大切なこと』（ダイヤモンド社）がある。

一流《いちりゅう》の人《ひと》に学《まな》ぶ　自分《じぶん》の磨《みが》き方《かた》　〈検印廃止〉

2017年10月10日　第１刷発行
2019年４月15日　第５刷発行

著　者――スティーブ・シーボルド
訳　者――弓場　隆
発行者――齊藤　龍男
発行所――株式会社かんき出版
東京都千代田区麹町4-1-4 西脇ビル　〒102-0083
電話　営業部：03(3262)8011㈹　編集部：03(3262)8012㈹
FAX　03(3234)4421　振替　00100-2-62304
http://www.kanki-pub.co.jp/

印刷所――大日本印刷株式会社

 ISBN978-4-7612-7291-3 C0030